Stefanie Stadon

AUSTRALIEN

ABSEITS DER AUSGETRETENEN PFADE

50 einzigartige Highlights in Victoria

IMPRESSUM
Australien abseits der ausgetretenen Pfade
50 einzigartige Highlights in Victoria
Stefanie Stadon

Bibliografische Information der Deutschen Bibliothek
Die Deutsche Bibliothek verzeichnet diese Publikation in der deutschen Nationalbibliografie. Detaillierte bibliografische Daten sind im Internet über http://dnb.ddb.de abrufbar

Redaktion und Lektorat: Christine Walter

Satz und Layout: Serpil Sevim-Haase

Gedruckt und gebunden:
Westmünsterland Druck GmbH & Co. KG | van-Delden-Str. 6-8 | 48683 Ahaus
www.lensing-druck.de

ISBN: 978-3-947164-02-8
Hergestellt in Deutschland

www.360grad-medien.de

Stefanie Stadon

AUSTRALIEN

ABSEITS DER AUSGETRETENEN PFADE

50 einzigartige Highlights in Victoria

Vorwort

Der zweitkleinste Bundesstaat ist bei internationalen Besuchern beliebt wie nie zuvor: Mehr als 2,5 Millionen Touristen strömten in den vergangenen Jahren nach Victoria und katapultierten es in den Statistiken auf den 2. Platz hinter New South Wales. Auf den To-do-Listen seiner Urlauber stehen zwei Attraktionen verdientermaßen ganz oben – die aufregende Metropole Melbourne sowie die legendäre Great Ocean Road. Beide verkörpern den typisch australischen Lifestyle, der uns immer wieder aufs Neue überwältigt. Doch auch nirgendwo sonst in Victoria ist der Besucherandrang so groß wie hier.

Dabei warten abseits der Wege zahlreiche Highlights darauf, im wahrsten Sinne des Wortes entdeckt zu werden. Mit Ausnahme von Tasmania zeigt sich keine Region Australiens auf vergleichbarer Fläche vielseitiger als das „kleine" Victoria. Von Melbourne aus erreicht der Besucher jeden Winkel in höchstens sechs Stunden – für australische Verhältnisse eine Kurzstrecke. Hier fährt man morgens im warmen Outback los und erreicht am Abend die verschneiten Alpen, begibt sich von malerischen Küstenorten in verstaubte Goldgräber-Siedlungen oder schreitet aus dem dichten Regenwald hinein in das Wolkenkratzer-Panorama der Hauptstadt.

Was den Facettenreichtum Victorias noch einmaliger macht, sind jene querfeldein verlaufenden Pfade, die bisher kaum oder gar nicht ausgetreten sind – Grund genug, ihnen einen eigenen Reiseführer zu widmen. Auf den folgenden Seiten stelle ich Ihnen 50 ausgewählte Highlights vor, die wohl bisher auf den wenigsten To-do-Listen vermerkt sind, deren Erlebnis mich jedoch auf unseren Reisen verzaubert hat. Da die Familie meines Mannes über ganz Victoria verstreut lebt, ist der Südosten Australiens infolge vieler Urlaube mein zweites Zuhause geworden. Auf unseren Roadtrips sind wir natürlich auch auf den gängigen Touristenstrecken der Region unterwegs. Doch die große Mehrheit der Ausflüge findet dank familiärer Insidertipps und eigenem Entdeckerdrang „off the beaten track" statt.

Abseits der Wege heißt nicht zwangsläufig abgeschieden oder unbekannt. So sind die Staatsbibliothek in Melbourne oder Sovereign Hill in jedem guten Reiseführer Victorias aufgeführt. Dennoch hält sich die Anzahl ihrer ausländischen, vor allem europäischen, Gäste in Grenzen.

Andere Highlights hingegen, z. B. der Murray River, sind seit jeher beliebte Ausflugsziele der Einheimischen, sodass der Besucher unter Locals statt seinesgleichen die Umgebung erkundet. Andere wiederum, wie Lake Tyrrell, sind so abgelegen, dass sich selbst Aussies nur selten hierher verirren.

Bei unserer persönlichen Favoritenauswahl herausgekommen ist ein bunter Mix aus Natur- und städtischen Attraktionen, Themenrouten sowie Aktivitäten, die sich über ganz Victoria verteilen. Eine kurze, zusammenfassende Beschreibung des Highlights sowie ergänzende Angaben zu Lage, Anfahrt, Öffnungszeiten oder Eintritt geben Ihnen samt der Fotos eine Vorstellung davon, was Sie vor Ort erwartet. Weiterführende Informationen erhalten Sie auf den angegebenen Websites oder in den aufgeführten, örtlichen Besucherzentren.

Sind Sie bei einem Urlaub im Südosten Down Unders nicht nur auf der Durchreise, sondern haben etwas mehr Zeit im Gepäck und/oder möchten Sie einen Blick über den touristischen Tellerrand hinaus wagen, dann passt dieser Reiseführer perfekt in Ihre Hosentasche – ganz gleich, ob Sie das erste Mal in Victoria oder Wiederkehrer sind.

Nicht jede der 50 aufgeführten Attraktionen wird Sie sprachlos zurücklassen, sich so ins Gedächtnis einbrennen wie der Sonnenuntergang bei den Twelve Apostles oder so abwechslungsreich sein wie ein Spaziergang durch Melbourne. Ihre Sehenswürdigkeit ergibt sich vielmehr dadurch, dass sie das Lebensgefühl Victorias sowie seiner Einwohner stimmungsvoll widerspiegeln und verdeutlichen, dass die Region völlig zurecht den Slogan „The Place to Be“ trägt.

Und nun viel Spaß beim Lesen, Planen und vor allem Entdecken!

Stefanie Stadon

Inhaltsverzeichnis

Melbourne & Umgebung 10

1. MCG: Wo das Sportlerherz Australiens schlägt 13
2. Cooks' Cottage: Liebevoll verschiffte Nationalgeschichte 16
3. State Library of Victoria: Poliertes statt verstaubtes Kulturgut 20
4. Immigration Museum: Einblick in das multikulturelle Australien 24
5. Mount Macedon: Melbournes Skyline aus der Ferne 28
6. Hanging Rock: Idyllischer Picknick-Spot mit Mystikzugabe 32

Port Phillip Bay 36

7. Bathing Boxes: Farbenfrohe Strandikonen in Toplage 39
8. Arthurs Seat: Panoramablick über die Mornington Peninsula 42
9. Searoad Ferries: Überfahrt mit tierischem Entertainment 44
10. The Rip: Berüchtigte Meerenge mit regem Schiffsverkehr 48
11. You Yangs: Versteckte Schönheit mit 360°-Aussicht 52

Great Ocean Road 56

12. Baywalk Bollards: Lebensgroße Holzfiguren in Geelong 59
13. Teddy's Lookout: Das wohl schönste Great Ocean Road-Panorama 62
14. Port Fairy: Märchenhaftes an der Great Ocean Road 64
15. Cape Nelson: Abgelegenes Kap vor stürmischer Kulisse 68
16. Petrified Forest: Ein Wald aus Stein am Cape Bridgewater 72

Grampians 76

17. Bunjil's Shelter: Eindrucksvolle Rock Art mit Aussicht 79
18. Brambuk: Authentische Einblicke in das indigene Australien 82
19. Barney's: Waschechter Aussie Pub mit tierischen Gästen 86
20. Mount Sturgeon: Hoch hinaus ganz ohne Gegenverkehr 90

Goldfields 94

21. Golden Triangle Drive: Auf den Spuren der Glücksritter 97

22. Sovereign Hill: Glänzende Vergangenheit als Freilichtmuseum 100
23. Chinese Precinct: Von Einwanderern aus Fernost in Bendigo ... 104
24. Kryal Castle: Ritterspektakel am anderen Ende der Welt 108

The Murray 112
25. Camping am und auf dem Murray: Urlaub auf Australisch 115
26. Murray-Darling River Junction: Aus zwei Strömen entspringt ein Fluss 118
27. Mungo National Park: „Geburtsstätte" der Aborigines 120
28. Pioneer Settlement: Nacherlebte Siedlerhistorie im australisischen Busch 124
29. Historic Port of Echuca: Hochburg der Raddampfer 128
30. Kyabram Fauna Park: Down Unders Tierwelt zum Anfassen ... 132

Mallee & Wimmera 136
31. Pine Plains: Sandige Rutschpartie im Wyperfeld National Park 139
32. Silo Art Trail: Australiens größte Outdoor-Galerie 142
33. Pink Lakes: Leuchtende Farbenspiele im Murray-Sunset National Park 146
34. Lake Tyrrell: Unwirklicher Spiegeleffekt mit Salzgeschmack ... 150
35. Mount Wycheproof: Auf dem größten kleinsten Berg der Welt 154

High Country 156
36. Great Alpine Road: Überaus fotogene Berg- und Talfahrt 159
37. Ladies Bath und Eurobin Falls: Feuchtfröhliches Vergnügen am Mount Buffalo 162
38. Bright: Kleinstadt-Idylle vor imposanter Bergkulisse 166
39. Beechworth: Herausgeputzte Pionierstadt mit viel Charme 168
40. Ned Kelly Touring Route: Die Wege des Robin Hood Australiens 172
41. Powers Lookout: Hoch über dem King Valley 176

Gippsland 178
42. Walhalla: Aufgeweckte Geisterstadt mit reicher Vergangenheit... 181
43. Noojee Trestle Bridge: Meisterliche Brückenbaukunst aus Holz 184
44. Toorongo und Amphitheatre Falls: Berauschender Spaziergang im Baw Baw National Park 188
45. Glen Nayook Rainforest: Unter einem Dach immergrüner Farne 190
46. Mount Bishop: Einsamer Sonnenuntergang im Wilsons Promontory National Park 194

Überregional 198
47. Prospecting: Auf der Suche nach Gold 201
48. Rail Trails: Victoria mit dem Fahrrad entdecken 204
49. Country Pubs: Kulinarischer und optischer Genuss in einem ... 210
50. Aussie Rules Football: Victorias packende Sportkreation 212

Mildura
Swan Hill
CANBERRA
Victoria
Echuca/Moama
Albury/Wodonga
Wangaratta
Horsham
Bendigo
Ballarat
Bairnsdale
Melbourne
Hamilton
Geelong
Portland
Traralgon
Warrnambool
Bass-Straße
Tasmanische See

Melbourne & Umgebung

1. MCG: Wo das Sportlerherz Australiens schlägt
2. Cooks' Cottage: Liebevoll verschiffte Nationalgeschichte
3. State Library of Victoria: Poliertes statt verstaubtes Kulturgut
4. Immigration Museum: Einblick in das multikulturelle Australien
5. Mount Macedon: Melbournes Skyline aus der Ferne
6. Hanging Rock: Idyllischer Picknick-Spot mit Mystikzugabe

Auch in der zweitgrößten Stadt Australiens ist man noch abseits der Wege unterwegs.

Lancefield
Kilmore
6. Hanging Rock
Romsey
Woodend
5. Mount Macedon
Gisborne
3. State Library of Victoria
4. Immigration Museum
2. Cooks' Cottage
1. Melbourne Cricket Ground
Melbourne
Port Phillip Bay

1. MCG: Wo das Sportlerherz Australiens schlägt

Melbourne wird nicht ohne Grund als Sporthauptstadt Australiens bezeichnet. Das ganze Jahr über finden hier Events auf höchstem sportlichen Niveau statt. Doch das wahre Sportlerherz des Aussies schlägt nicht für die Australian Open oder den Formel 1 Grand Prix, sondern im Melbourne Cricket Ground, kurz MCG.

Beeindruckender Anblick von innen und außen

Vom Südufer des Yarra River hat man das MCG eigentlich stets im Blick. Trotz seiner imposanten Erscheinung wird es allerdings von vielen Besuchern der Metropole links liegen gelassen. Schließlich ist es nur ein Stadion. Dabei befindet sich das MCG mit stolzen 100.024 Plätzen in den Top 10 der weltgrößten Arenen und übertrumpft so die legendären Stadien wie das Camp Nou oder Wembley.

Für den Australier ist das MCG nicht nur eine bloße Sportstätte, sondern nationales Kulturgut. Hier werden Sportgeschichte geschrieben und Legenden geschaffen. Seit 1853, also fast unmittelbar nach der Gründung von Melbourne, gehört es zum Stadtbild dazu. Nur einige Jahre später fanden hier erstmalig ein Aussie Rules Footballspiel (siehe Tipp 50) sowie ein Test Cricket Match zwischen England und Australien statt – viele weitere erbitterte Wettkämpfe sollten folgen. „The G", wie die Einwohner es ehrfurchtsvoll nennen, ist quasi der australische Zweitwohnsitz, wenn es um Sport geht.

Während in den Sommermonaten das Feld von den Cricketspielern genutzt wird, regiert im Winter die Australian Football League, kurz AFL. Beim traditionellen Boxing Day Test im Cricket am 26. Dezember sowie zum Footy Grand Final Ende September ist das Stadion bis auf den letzten Platz gefüllt. Doch auch andere Sportarten sind im MCG daheim, z. B. Rugby und tatsächlich auch Fußball. 1956 wurden hier die Olympischen Spiele ausgetragen, 2006 die Commenwealth Games und zuletzt das Finale der Cricket-Weltmeisterschaft 2015. Steht einmal nicht der Sport im Vordergrund, geben Stars wie Madonna und die Rolling Stones ausverkaufte Konzerte in einer einzigartigen Open-Air-Atmosphäre – denn ein Dach hat das MCG nicht, wenngleich immerhin die größten Flutlichter der Welt.

Sportlegenden auf Sockeln

Wer nicht die Möglichkeit hat, sich ein Spiel im MCG anzuschauen, sollte auf jeden Fall an einer geführten Tour durch das Stadion teilnehmen und/oder bei Gate 3 in das National Sports Museum gehen. Selbst der größte Sportmuffel kommt bei insgesamt 3500 Ausstellungsstücken ins Staunen. So kann der Besucher den Laufanzug der Olympiasiegerin von 2000, Cathy Freeman, ebenso aus nächster Nähe betrachten wie die Mütze des legendären Cricketspielers Sir Don Bradmen.

Ausgestelltes Cricket-Equipment

Info

Lage: Brunton Ave, Richmond VIC 3002.

Anfahrt: Zu Fuß vom Federation Square ca. 10-15 Min. Mit der Tram Nr. 48/75 bis Stopp 11/Jolimont Station oder Nr. 70 bis Stopp 7C/MCG, Hisense Arena (außerhalb der Free Tram Zone).

Öffnungszeiten: Täglich außer 25.12., Karfreitag und Melbourne Cup Day, 10-17 Uhr. Letzte Tour 15 Uhr. Ggf. gesonderte Öffnungszeiten zu Events.

Eintritt: Tour/Museum jeweils 24 AUD Erwachsene, 13 AUD Kinder ab 5 Jahre. Kombinierte Tickets für Museum und Tour erhältlich.

Website: www.mcg.org.au, www.nsm.org.au

2. Cooks' Cottage: Liebevoll verschiffte Nationalgeschichte

Schlösser, Burgen oder berühmte Denkmäler gibt es Down Under eher selten, stattdessen stehen Naturwunder auf den To-do-Listen des Besuchers. Doch wenn es um die Schaffung von Attraktionen geht, zeigt sich der Australier kreativ.

Eine dieser Sehenswürdigkeiten ist das Cooks' Cottage in den Fitzroy Gardens. Hierbei handelt es sich um das Elternhaus des Seefahrers Captain James Cook, der die Ostküste Australiens anno 1770 entlang segelte. Wer sich ein wenig mit Geschichte befasst, wird wissen, dass Cook ein Engländer war, ebenso wie seine Eltern. Und diese hatten keinesfalls ein Wochenendgrundstück in Australien, nachdem ihr Sohn das Land für die englische Krone in Besitz genommen hatte.

Die Hütte, die sich der Besucher heute unweit des Stadtzentrums anschauen kann, wurde 1755 von den Eltern Cooks im britischen Yorkshire

Als ob es nie woanders gestanden hätte ...

Die Erinnerung an Cook wird in Australien hochgehalten.

erbaut. Dort stand sie auch bis zu jenem Jahr 1934, als Sir Russell Grimwade auf die Idee kam, das Haus quasi als Souvenir mit nach Australien zu nehmen. Er ließ die Hütte in ihre Einzelteile zerlegen, verstaute alles in 253 Kästen sowie 40 Fässern und verschiffte es 10.000 Meilen nach Down Under. Selbst der Efeu aus dem heimischen Garten siedelte über nach Australien, um die Kulisse so authentisch wie möglich zu gestalten. Und so kam es, dass Cooks' Cottage heute den Titel des ältesten Gebäudes Australiens trägt, wenngleich es Importware ist.

Erinnerungen an den Seefahrer und Abenteurer

Obwohl Cook wohl nie selbst in dem Cottage gelebt hat, lohnt sich ein Besuch des Bilderbuch-Häuschens allemal. Hier erlebt der Besucher Geschichte hautnah und fühlt sich zurückversetzt in die Mitte des 18. Jahrhunderts – einer Zeit, in der Australien auf den Landkarten nur in groben Umrissen existierte. Der Entdecker Cook und seine Reisen stehen ebenso im Fokus der kleinen Ausstellung wie die damaligen Lebensumstände. Die Zimmer auf zwei Etagen sind originalgetreu nachgebaut. Abgerundet wird alles durch die kostümierten Mitarbeiter und dem wehenden Union Jack am Fahnenmast vor dem Haus.

Kostümanprobe im Garten

Auch wenn es in Cooks' Cottage mitunter nach Kitsch schreit, ist hier australische Geschichte unglaublich liebevoll und kurzweilig wiedergegeben. Dass nur wenige hundert Meter weiter riesige Wolkenkratzer leicht am historischen Bild kratzen, vergisst man angesichts der gelungenen Inszenierung schnell. Die wunderschönen Fitzroy Gardens tun ihr Übriges dazu: In dem 26 Hektar großen Park ist es trotz des nahen Verkehrs unglaublich still. Selbst wer nur von außen einen Blick auf Cooks' Cottage wirft, genießt hier eine herrliche Auszeit vom schnelllebigen Stadttrubel.

Info

Lage: Wellington Parade, Fitzroy Gardens, East Melbourne VIC 3002.

Anfahrt: Zu Fuß vom Federation Square etwa 15 Min. Mit der Tram Nr. 35/75 bis Stopp Nr. 8/Spring St (Free Tram Zone), von hier ca. 3 Min. zu Fuß durch die Gärten.

Öffnungszeiten: Täglich außer 25.12., 9-17 Uhr. Letzter Einlass 16:45 Uhr.

Eintritt: 6,50 AUD Erwachsene, 3,50 AUD Kinder ab 5 Jahre.

Website: www.melbourne.vic.gov.au/cookscottage

3. State Library of Victoria: Poliertes statt verstaubtes Kulturgut

Eine Bibliothek gehört meist nicht zum klassischen Sightseeing-Programm in einer Metropole, es sei denn, man ist als Backpacker auf der Suche nach gratis WLAN. Dabei gibt es in den altehrwürdigen Räumlichkeiten der State Library of Victoria weitaus mehr zu entdecken als nur zwei Millionen Bücher und freien Internetzugang.

Schmuckstück inmitten der Skyline

Inmitten der geschniegelten Wolkenkratzer behauptet sich die ab 1854 im viktorianischen Stil errichtete Staatsbibliothek mühelos. Die älteste öffentliche Bibliothek Australiens war zugleich eine der ersten, die für die breite Bevölkerung frei zugänglich war. Heute kann sich der Besucher in ihren Räumlichkeiten ohne Mühe für Stunden verlieren – und das ganz ohne Bücher zu wälzen.

Der Weg hinein führt vorbei an Studenten und laufmüden Touristen, die auf der Grünfläche vor ihren Türen die Sonnenstrahlen genießen.

Victoria im Wandel der Zeit in der Cowen Gallery

Nach einer Fahrt mit dem Aufzug in die oberste Etage schweift der Blick unmittelbar hinein in den La Trobe Reading Room. Der achteckige Lesesaal, 1913 fertiggestellt, verschlägt dem Betrachter zunächst die Sprache. Durch die von Fenstern durchbrochene Kuppel strömt gleißendes Licht, die Bücherregale an den Seiten setzen den Saal bescheiden in Szene und eine Aussichtsgalerie umläuft ihn auf mehreren Ebenen – ein Perspektiven-Paradies für jeden Hobbyfotografen.

Auf der gleichen Etage befindet sich eine Dauerausstellung zum Thema „The changing face of Victoria". Historische Dokumente, Zeitzeugenberichte und Gemälde beleuchten die spannende Kolonialgeschichte des Bundesstaates. Zu deren Highlights gehören die Rüstung und Totenmaske des berüchtigten Bushrangers Ned Kelly (siehe Tipp 40). Ein Stockwerk tiefer gibt die ebenfalls permanente Ausstellung „Mirror of the world: books and ideas" einen Abriss über die Geschichte und das Design des Buches, von mittelalterlichen Manuskripten bis hin zu Comicheften.

Der La Trobe Reading Room im Herzen der Bibliothek

Seine Perspektive ändert der Besucher schließlich in der dritten Etage: Er steht nun inmitten des La Trobe-Lesesaals und schaut nach oben Richtung Kuppel. Permanentes Kameraklicken und lautes Herumlaufen sollten sich hier aus Respekt vor den Studierenden in Grenzen halten. Zum Schluss der Rundtour schlendert der Besucher in der Cowen Gallery an mehreren Gemälden vorbei, die Victoria aus verschiedenen Epochen zeigen. In den anderen Räumlichkeiten werden zudem wechselnde Ausstellungen sowie Lesungen, Workshops und weitere Events abgehalten. Wer braucht da noch ein Museum?

Die Dauerausstellungen sind kostenfrei zugänglich.

Info

Lage: 328 Swanston St, Melbourne VIC 3000.

Anfahrt: Zu Fuß vom Federation Square ca. 15 Min. Mit der Tram Nr. 1/3/5/6/8/16/64/67/72 bis Stopp 8/Melbourne Central (Free Tram Zone).

Öffnungszeiten: Täglich außer 25.-26.12., 01.01. und Karfreitag, Mo-Do 10-21 Uhr, Fr-So 10-18 Uhr. Die Galerien der Kuppel sind von 10-18 Uhr zugänglich.

Eintritt: Kostenfrei. Geführte Touren ebenso kostenfrei, ggf. Reservierung nötig.

Website: www.slv.vic.gov.au

4. Immigration Museum: Einblick in das multikulturelle Australien

Das Immigration Museum steht im Schatten der vielen großen Museen, die in Melbourne um Aufmerksamkeit buhlen. Dass das Thema Einwanderung nicht zu den zugänglichsten Inhalten im Urlaub gehört, ist verständlich. Doch bietet gerade das Immigration Museum einen tiefgehenden Einblick in das multikulturelle Verständnis des Australiers – welches weder damals noch heute gänzlich frei von Vorurteilen und damit aktueller denn je ist.

Nachgebaute Kabine eines Einwandererschiffes

Die australische Gesellschaft ist wie keine andere von Einwanderung geprägt. Selbst wer auf dem Fünften Kontinent geboren ist, wird in seinem Stammbaum höchstwahrscheinlich irgendwann auf einen Briten, Iren oder Chinesen treffen. Von ihren Geschichten erfährt der Besucher im Immigration Museum – angefangen bei den ersten Siedlern und ihrem Umgang mit den Aborigines, über die Immigranten zu Zeiten des Goldrausches und nach den Weltkriegen bis hin zu den heutigen Flüchtlingswellen. Da seit der Ankunft der ersten Schiffsflotte 1788 bis dato mehr als neun Millionen Menschen nach Australien eingewandert sind, gibt es sehr viele Erfahrungsberichte, auf die die Aussteller zurückgreifen können.

Die Dauerausstellung ist in mehrere Blöcke unterteilt, die thematisch ineinander übergehen und sich über einen Rundgang erschließen lassen. Zunächst werden die Gründe der Auswanderung nach Australien beleuchtet; anschließend vermitteln Zeitzeugendokumente die ganz persönliche Geschichte hinter der Migration, in der manchmal Freude oder Verzweiflung, Hoffnung oder Enttäuschung dominiert. Diese werden übrigens jährlich ausgetauscht, sodass unzählige Einwanderer zu Wort kommen und dem Besucher eine andere Perspektive vermitteln können.

Ein Museum verschiedenster Blickwinkel und Geschichten

Im Ausstellungsraum „Journeys of a Lifetime" kann man durch die Nachbauten der Schiffskabinen die beschwerliche mehrmonatige Reise nach Australien nachempfinden, wie sie zwischen 1840 und 1950 üblich war. Zudem erhält der Besucher einen Überblick über die Einwanderungspolitik Australiens im Kontext der Zeit, z. B. über die zu Beginn des 20. Jahrhunderts praktizierte „White Australia Policy", unter der beinahe ausschließlich Engländern und Schotten die Einwanderung gewährt wurde.

Im oberen Stockwerk setzt sich der Besucher interaktiv mit der heutigen australischen Identität auseinander, indem er z. B. den Test zur Beantragung der hiesigen Staatsbürgerschaft durchspielt. Abgerundet wird der Rundweg durch wechselnde Ausstellungen, ein Café bzw. Mu-

seumsshop sowie ein kostenfrei zugängliches Discovery Centre, in dem Australier ihre Herkunft recherchieren können.

Info

Lage: 400 Flinders St, Melbourne VIC 3000.

Anfahrt: Zu Fuß vom Federation Square ca. 10 Min. Mit der Tram Nr. 35/70/75 bis Stopp Nr. 3/Market St (Free Tram Zone).

Öffnungszeiten: Täglich außer 25.12. und Karfreitag, 10-17 Uhr.

Eintritt: 14 AUD Erwachsene, kostenfrei für Kinder bis 16 Jahre.

Website: www.museumvictoria.com.au/immigrationmuseum

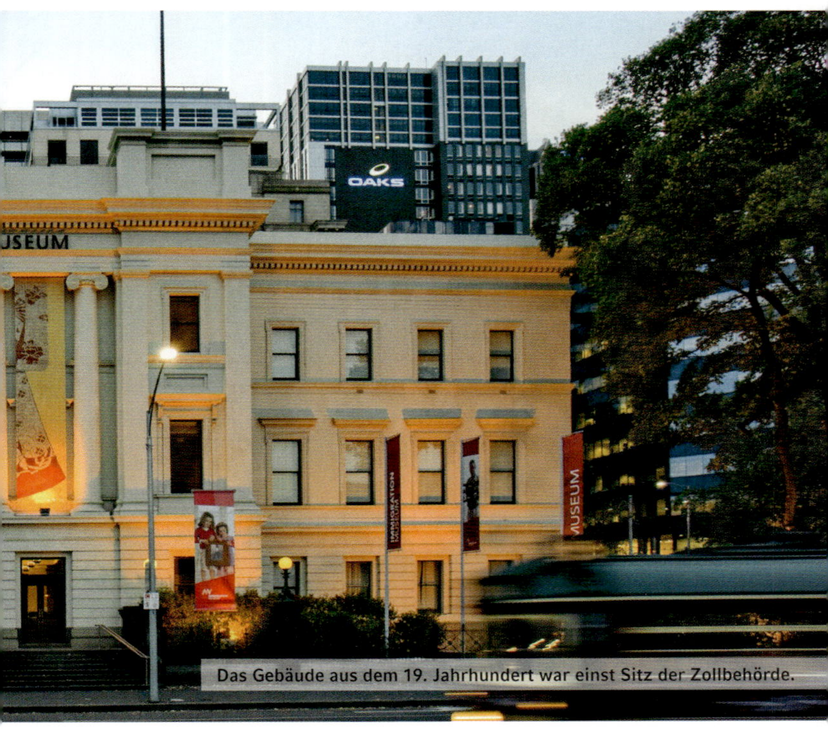

Das Gebäude aus dem 19. Jahrhundert war einst Sitz der Zollbehörde.

5. Mount Macedon: Melbournes Skyline aus der Ferne

Spektakuläre Ausblicke auf Melbourne bieten die Bergketten im Umland der Stadt. Eine bei Touristen dafür besonders beliebte Region sind die Dandenong Ranges. Doch eine ebenso tolle und deutlich weniger versperrte Sicht erwartet den Besucher auf dem Mount Macedon inmitten der Macedon Ranges.

Der mit 1001 Meter höchste Gipfel der Bergkette liegt inmitten des rund 2400 Hektar großen Macedon Regional Park. Während sich Touristen aus Übersee eher selten hierin verirren, gehören neben den Anwohnern auch Kängurus, Wallabys, Koalas und Wombats zu den stetigen Besuchern.

Durch den Park schlängelt sich die Mount Macedon Road und bietet Fahrvergnügen pur – sofern das Wetter mitspielt. Aufgrund der Höhenlage sorgen in den Wintermonaten Glatteis und mitunter leichter Schneefall für widrige Fahrverhältnisse. Auch in den Sommermonaten kann das Wetter „hier oben" schnell umschlagen. So verlangsamt ggf. dichter Nebel die Fahrt ebenso wie der rege Wildwechsel.

Von der Mount Macedon Road abzweigend, gelangt der Fahrer über den etwa drei Kilometer langen Cameron Drive geradewegs hinauf auf den Gipfel. Die Straße endet am Memorial Cross Reserve, wo Sitzgelegenheiten, Grillplätze sowie öffentliche Toiletten und ein Café zum längeren Verweilen einladen. Ein kurzer, befestigter Weg mit Infotafeln führt zu mehreren Aussichtspunkten. Vom Major Mitchell Lookout blickt der Besucher zunächst Richtung Westen und kann bei guter Sicht bis nach

Die Skyline Melbournes versteckt sich dieses Mal in einer Smogwolke.

Geelong an der Great Ocean Road schauen. Etwas weiter voraus thront das 21 Meter hohe Memorial Cross, das in Gedenken an die Verstorbenen des Ersten Weltkrieges errichtet wurde. Alljährlich findet hier am Anzac Day (25. April) eine der bedeutendsten Gedenkveranstaltungen zu Ehren der gefallenen Soldaten statt.

Bereits von Weitem bietet das Kreuz einen beeindruckenden Anblick, vor allem nachts, wenn es angestrahlt wird. Die umgebende Kulisse ist ebenso faszinierend – ein Grund für die Einheimischen, immer wieder hinauf auf den Mount Macedon zu fahren. Bei klarer Sicht zeigen sich von der Aussichtsplattform unter dem Kreuz die Dandenong Ranges, Port Phillip Bay und schließlich die Skyline von Melbourne. Ein wenig Glück muss jedoch mit im Gepäck sein: Selbst wenn der Himmel strahlend blau leuchtet, versteckt sich die Metropole gelegentlich in einer dichten Wolke aus Smog. Doch selbst dann war ein Trip hierher bestimmt nicht umsonst.

Das Memorial Cross ist schon von Weitem sichtbar.

Fahrvergnügen am Mount Macedon

Info

Lage: Memorial Cross Loop Rd, Mount Macedon VIC 3441.

Anfahrt: Von Melbourne kommend über Calder Fwy/M79 Richtung Bendigo. Bei Gisborne Abzweig auf Mount Macedon Rd/C322 (ca. 70 km). Alternativ kann von Melbourne eine Tagestour gebucht werden, die Mount Macedon und Hanging Rock miteinander kombiniert. Mehr Infos unter www.alternateroad.com.

Öffnungszeiten: Park: immer. Café: Täglich außer 25.12., 10-16 Uhr, Sa 10-14 Uhr.

Eintritt: Kostenfrei.

Touristeninformation: Visitor Information Centre, High St, Woodend VIC 3442.

Website: www.visitmacedonranges.com, www.mountmacedon.org.au

6. Hanging Rock: Idyllischer Picknick-Spot mit Mystikzugabe

Was den Hanging Rock in den Macedon Ranges so berühmt macht, ist nicht etwa der luftige Rundumblick oder das Kraxeln zwischen den Felsen. Vielmehr war es der Roman „Picnic at Hanging Rock" von Joan Lindsay aus dem Jahr 1967. Darin verschwinden zwei Schülerinnen bei einem Tagesausflug am Hanging Rock unter mysteriösen Umständen. Das Ende bleibt offen.

Heute gleicht das Hanging Rock Reserve wahrhaftig einem großen Picknickgelände – nur ganz ohne Gänsehautfaktor. Umgeben von großen Grünflächen mit Sitzgelegenheiten, freilaufenden Tieren und einem netten Café sticht mittendrin eine sehr bizarr aussehende, zerklüftete Felsformation hervor – der Mount Diogenes. Seinen Spitznamen Hanging Rock erhielt er, da am Fuße des Berges ein Felsen zwischen zwei anderen in der Luft zu hängen scheint.

Der Roman ist australienweit bekannt.

Auf drei kurzen Wegen lässt sich der 101 Meter hohe Berg ausgiebig entdecken. Der Summit Walk führt auf insgesamt 1,8 Kilometern in rund einer Stunde auf das Gipfelplateau und wieder hinunter. Während der Aufstieg zu Beginn noch einem ausgetretenen Pfad folgt, schlängelt man sich weiter oben durch Felsspalten und hüpft von einem Stein zum nächsten. Kinder haben hier besonders viel Spaß. Ambitionierte Wanderer geschweige denn Kletterer kommen hingegen am Hanging Rock wohl kaum auf ihre Kosten. Dafür lässt sich vom Gipfel ein einmaliger 360°-Blick über die Macedon Ranges genießen.

Diesem hängenden Felsen verdankt der Berg seinen Namen.

Der Ausblick reicht weit in die Ferne.

Die beiden weiteren Wege führen den Besucher am Fuße des Berges entlang. Mittendrin springen Kängurus umher und lassen sich bereitwillig aus nächster Nähe fotografieren. Den Anblick von Menschen sind die tierischen Bewohner des Hanging Rock längst gewöhnt. Informativ abgerundet wird der Trip durch einen Rundgang im Hanging Rock Discovery Centre, dessen kleine Ausstellung die Geologie, Flora und Fauna der Region beleuchtet.

Da sich der Park als Ausflugsziel unter internationalen Besuchern noch nicht herumgesprochen hat, trifft man hier, wenn überhaupt, auf Einheimische, die einen Tag im Freien verbringen oder eine der zahlreichen Veranstaltungen auf dem Gelände besuchen. Dazu gehören Pferderennen ebenso wie Konzerte. Immerhin sind vor der Kulisse des Hanging Rock bereits Rod Stewart und Ed Sheeran aufgetreten!

Die Kängurus hier sind nicht menschenscheu.

Hanging Rock – Markanter Blickpunkt der Region

Info

Lage: 139 South Rock Road, Newham VIC 3442.

Anfahrt: Von Melbourne kommend über Calder Fwy/M79 Richtung Bendigo. Bei Woodend Abzweig auf Lancefield-Romsey Road/C324, dann über Coach Road/C324 und South Rock Road/C322 (ca. 76 km). Alternativ kann von Melbourne eine Tagestour gebucht werden, die Mount Macedon und Hanging Rock miteinander kombiniert. Mehr Infos unter www.alternateroad.com.

Öffnungszeiten: Täglich außer 25.12., 9-17 Uhr. Café: Täglich 10-16 Uhr, im Winter montags geschlossen.

Eintritt: Pro Auto 10 AUD bzw. Fußgänger 4 AUD, Minibus 20 AUD.

Touristeninformation: Visitor Information Centre, High St, Woodend VIC 3442.

Website: www.visitmacedonranges.com, www.mountmacedon.org.au

Port Phillip Bay

7. Bathing Boxes: Farbenfrohe Strandikonen in Toplage
8. Arthurs Seat: Panoramablick über die Mornington Peninsula
9. Searoad Ferries: Überfahrt mit tierischem Entertainment
10. The Rip: Berüchtigte Meerenge mit regem Schiffsverkehr
11. You Yangs: Versteckte Schönheit mit 360°-Aussicht

Schönster Blick auf die Port Phillip Bay

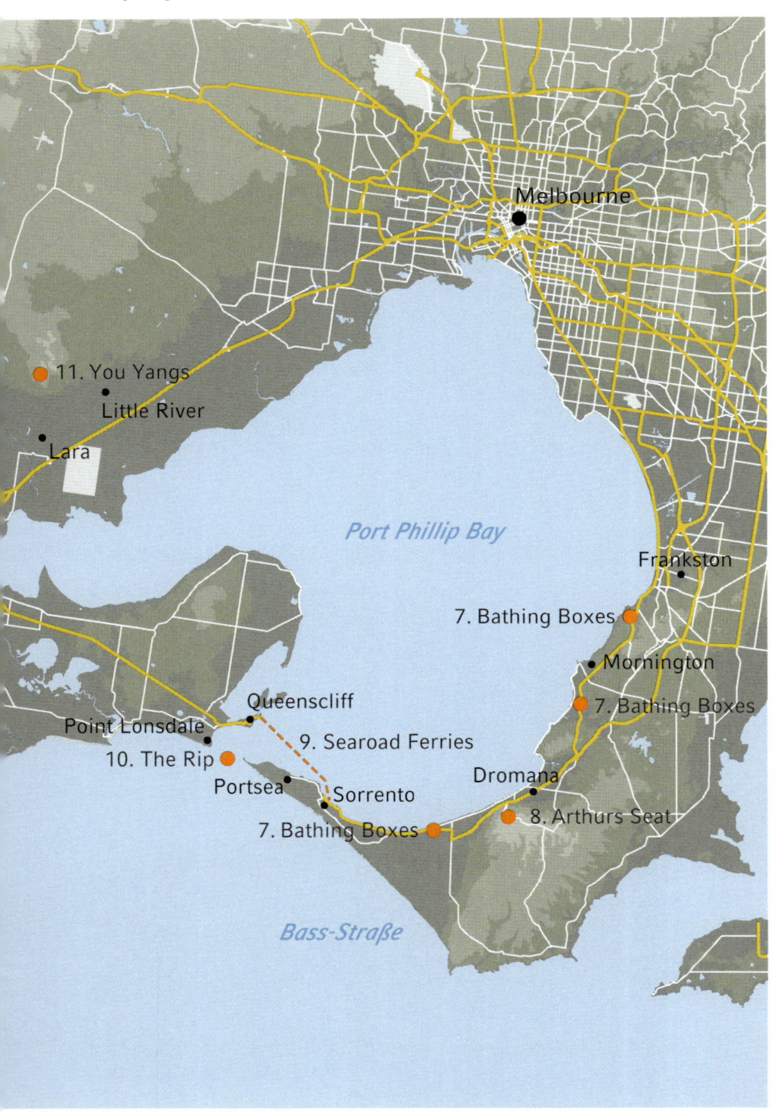
Melbourne
11. You Yangs
Little River
Lara
Port Phillip Bay
Frankston
7. Bathing Boxes
Mornington
7. Bathing Boxes
Queenscliff
Point Lonsdale
9. Searoad Ferries
10. The Rip
Dromana
Portsea
Sorrento
8. Arthurs Seat
7. Bathing Boxes
Bass-Straße

7. Bathing Boxes: Farbenfrohe Strandikonen in Toplage

Die quietschbunten Strandhütten von Brighton bei Melbourne sind in jeder Touristenbroschüre der Region abgedruckt. Dabei gibt es auf der Mornington Peninsula noch so viele weitere Bathing Boxes zu entdecken. Auch wenn diese nicht so pittoresk aneinander gereiht sind wie in Melbourne, ist die farbenfrohe Vielfalt hier deutlich höher.

Auf der Halbinsel stehen immerhin 1300 der insgesamt 1860 Bathing Boxes entlang der Port Phillip Bay. Die Wasserfront von Dromana allein zieren 240 Hütten, den Strand von Mount Martha 250 – in Brighton befinden sich gerade einmal 82! Bathing Boxes, auch Beach Boxes genannt, verkörpern einen Lifestyle, wie er nicht besser zur australischen Outdoor-Mentalität passen könnte. Ihre Anfänge reichen zurück bis in die Mitte des 19. Jahrhunderts, als die Bevölkerung in Victoria begann, einen Tag am Strand als erholsame Freizeitbeschäftigung anzusehen und in der Folge die Frauen von damals einen Ort zum Umkleiden brauchten.

Farbenfrohe Strandhütten in Mornington – und jede ist ein Unikat.

Aus der anfänglichen Strandaffäre entwickelte sich eine Liebe auf Lebenszeit, aus der bloßen Umkleidekabine eine kleine Einzimmerwohnung. Allerdings ohne Strom- und Wasseranschluss, denn eine Unterkunft dürfen die Hütten nicht ersetzen. Stattdessen beherbergen sie alles, was der Australier für einen Tag am Strand braucht, ohne dafür seinen Kofferraum vollzuladen – Stühle, ein Surfbrett, Cricketschläger, eine Kühlbox oder einen Grill.

Die Hütten selbst sind recht schlicht gehalten: Oft nur wenige Quadratmeter groß, bestehen sie aus einer Holzverkleidung und einem Wellblechdach. Ihre Fotogenität erhalten sie erst durch die liebevolle, individuelle Bemalung, seien es bunte Korallenriffe oder Comicfiguren. Besonders beliebtes Motiv sowohl bei Besitzern als auch Fotografen ist natürlich die australische Flagge.

Mittlerweile sind die Bathing Boxes eine Menge wert! Während am Brighton Beach vereinzelt Hütten neu gebaut werden, bleibt auf der Mornington Peninsula der Bestand gleich. Das Angebot ist also begrenzt, die Nachfrage immens. Dementsprechend groß ist der Andrang auf Auktionen: Ende 2016 erwarb ein Familienvater eine Bathing Box in Brighton für einen Rekordpreis von 326.000 AUD! Zum Vergleich – im Nobelort Portsea auf der Mornington Peninsula wechselte Ende 2015 eine Hütte für 615.000 AUD den Besitzer. Lifestyle muss man sich eben auch leisten können! Das Urlaubsfoto mit ihnen gibt es allerdings umsonst, und das auf der Mornington Peninsula ganz ohne Anstehen.

Die Mornington-Halbinsel lädt zum längeren Verweilen ein.

Bathing Boxes auf der Mornington Peninsula – Ein Lifestyle zum Genießen

Info

Lage: Entlang der Strände zwischen den Städten Mount Eliza und Portsea auf der Mornington Peninsula. Ca. 110 km südlich von Melbourne.

Anfahrt: Über Mornington Peninsula Fwy/M11 Richtung Frankston. Abzweig Richtung Mount Eliza oder Mornington, dann über Esplanade/C783 bzw. Point Nepean Rd/B110 immer die Küste entlang.

Öffnungszeiten: Immer.

Eintritt: Kostenfrei.

Touristeninformation:

- Visitor Information Centre, 359B Point Nepean Rd, Dromana VIC 3936.
- Visitor Information Centre, 7N Pier Promenade, Frankston VIC 3199.

Website: www.visitmorningtonpeninsula.org

8. Arthurs Seat: Panoramablick über die Mornington Peninsula

Einen großartigen Blick über die Port Phillip Bay ermöglicht ein Trip hinauf auf den Arthurs Seat – mit 314 Metern die höchste Erhebung auf der Mornington Peninsula. An einem klaren Tag kann man von hier aus sogar die Skyline von Melbourne, die You Yangs bei Geelong (siehe Tipp 11) sowie Mount Macedon (siehe Tipp 5) sehen.

Blick vom Arthurs Seat auf die östliche Bucht

Der Arthurs Seat liegt inmitten des gleichnamigen State Park. Durch das Gelände schlängelt sich die zwar kurze, aber mitunter sehr steile und kurvenreiche Arthurs Seat Road. Fitnessjunkies können den Hügel alternativ mit dem Mountainbike auf ausgewiesenen Wegen erklimmen. Wer weder mit dem Auto noch mit dem Fahrrad hoch hinaus möchte, entscheidet sich für eine Gondelfahrt mit dem Eagle Lift. Im Sommer 2016 neu eröffnet, fährt der Lift den Besucher in jeweils 14 Minuten auf den Gipfel hinauf und wieder hinunter.

An einigen Aussichtspunkten entlang der Scenic Road befinden sich öffentliche Toiletten, Sitzgelegenheiten und Grillanlagen, sodass der

Besucher auch länger verweilen und die Aussicht genießen kann. Einen besonders tollen Blick auf den Küstenverlauf der Port Phillip Bay ermöglicht der Murray Lookout auf 247 Metern Höhe. Ist der Wettergott gnädig, erspäht man von hier aus sogar die Wolkenkratzer der Metropole Melbourne.

Neben der Panoramablicke bietet der Arthurs Seat State Park weitere Highlights, z. B. den Enchanted Adventure Garden, wo sich dank Hecken-Labyrinthen, Klettergärten und meterlanger Rutschen ein unterhaltsamer Tag verbringen lässt. Im Seawinds Garden hingegen schlendert man zwischen einheimischen und exotischen Pflanzen entlang oder schaut sich den Skulpturenpark an.

Zudem stehen mehrere Wanderwege zur Auswahl. Diese begrenzen sich entweder auf das Parkgelände, wie der ein Kilometer lange Weg zu den ganzjährig fließenden Kings Falls, oder sind Teil eines übergreifenden Mornington Peninsula Tracks, wie der Two Bays Walking Track. Dieser führt auf 26 Kilometern von Dromeda über den Arthurs Seat bis nach Cape Schanck auf der Südseite. Ausschau halten sollte man dabei immer nach Koalas und Buntwaranen, die es sich in den Eukalyptusbäumen des Parks gemütlich gemacht haben.

Info

Lage: Arthurs Seat Rd, Dromana VIC 3936. Ca. 90 km südlich von Melbourne.

Anfahrt: Über Mornington Peninsula Fwy/M11 Richtung Dromana, dort Abzweig auf Arthurs Seat Rd/C789.

Öffnungszeiten: Park: Immer. Enchanted Adventure Garden: Täglich außer 25.12., Mo-Fr 10-18 Uhr, Sa/So 9-18 Uhr. Eagle Lift: Täglich außer 25.12., 10-17 Uhr (geänderte Öffnungszeiten je nach Saison).

Eintritt: Park kostenfrei. Enchanted Adventure Garden: 30 AUD Erwachsene, 20 AUD Kinder, zzgl. Eintritt für Klettergarten. Eagle Lift: 17,50 AUD Erwachsene, 11 AUD Kinder ab 4 Jahre (oneway).

Touristeninformation: Visitor Information Centre, 359B Point Nepean Rd, Dromana VIC 3936.

Website: www.visitmorningtonpeninsula.org, www.aseagle.com.au, www.enchantedmaze.com.au, www.parkweb.vic.gov.au

9. Searoad Ferries: Überfahrt mit tierischem Entertainment

„There's no better way to cross the bay" – Wer von der Mornington Peninsula Richtung Great Ocean Road fahren möchte oder andersherum, genießt auf den Searoad Ferries nicht nur frische Seeluft, sondern umgeht eintönige Highways sowie die Mautstraßen oder Staus rund um Melbourne.

Anstatt die Port Phillip Bay im runden Bogen entlang zu touren, spart der Reisende mit der Fähre satte 200 Kilometer und damit etwa drei Stunden im Auto. Doch die Überfahrt zu Wasser hat nicht nur einen praktischen Nutzen – sie ist auch pures Vergnügen, sodass man am Ende fast bedauert, dass der Trip nur 40 Minuten dauert.

Die Searoad Ferries verkehren zwischen den Städten Sorrento auf der Mornington Peninsula und Queenscliff auf der Bellarine-Halbinsel. Wer etwas mehr Zeit hat, sollte sich die beiden Küstenstädte unbedingt näher anschauen. Das wohlhabende Sorrento verzaubert vor allem durch

Fährterminal in Queenscliff

Große Tümmler begleiten die Überfahrt.

seine historischen Kalkstein-Gebäude. In Queenscliff geht es hingegen etwas legerer zu. Zu den Highlights hier gehören u. a. der kostenlose Rundumblick vom Aussichtsturm am Fährterminal.

Zwei identische, wetterfeste Fähren passieren die Meerenge im Stundentakt. Sie bieten Platz für je 80 Autos und etwa 700 Passagiere. Die Tickets können online oder direkt am Fährterminal gekauft werden. Hierbei gilt „first come, first serve". Die Abwicklung an den Anlegestellen sowie die Auffahrt verlaufen unkompliziert. Falls die Kamera oder womöglich das Anziehen der Handbremse vergessen wurde – no worries. Das Auto ist während der Fahrt zugänglich.

Die Fährausstattung bietet alles, was sich der Urlauber für eine knapp einstündige Fahrt nur wünschen kann: gemütliche Sitzgelegenheiten, große Panoramafenster, ein Café, eine Spiel- und Malecke für die kleinen Überfahrer und kostenloses WLAN. Am besten lässt sich die spektakuläre Kulisse natürlich im Freien auf dem Deck genießen. Kleine Buchten, dramatische Klippen, wippende Segelboote, luxuriöse Strandvillen sowie die Meerenge „The Rip" (siehe Tipp 10) ziehen vorbei. Der Blick sollte ab und an jedoch unbedingt ins Wasser schweifen. Zu den regelmäßigen Fahrgästen gehören nämlich auch Große Tümmler und im Winter mitunter sogar Wale.

Die Autos sind gut „verstaut“.

Info

Lage: Sorrento Pier, The Esplanade, Sorrento VIC 3943. Ca. 105 km südlich von Melbourne. Queenscliff Harbour, 1 Wharf St East, Queenscliff VIC 3225. Ca. 35 km östlich von Geelong.

Anfahrt: Sorrento: Über Point Nepean Rd/B110. Queenscliff: Über Bellarine Hwy/B110.
Die Fährterminals liegen jeweils am Ende der Straße. Blaue Fährschilder weisen den Weg.

Betriebszeiten: Abfahrt täglich zur vollen Stunde 7-18 Uhr, zwischen 26.12. und 31.01. bis 19 Uhr. Empfohlene Ankunft am Terminal etwa 30-45 Min. vor Abfahrt. Online bzw. telefonische Buchung schließt 2 Std. vor geplanter Abfahrt.

Ticketpreise: 64 AUD oneway/118 AUD return (Auto inkl. Fahrer), max. 11 AUD pro weiterer Passagier. Abweichende Preise für Motorrad, Wohnwagen (siehe Website).

Touristeninformation:

- Beach Visitor Information Centre, Cnr Ocean Beach Rd & George St, Sorrento VIC 3943.
- Visitor Information Centre, 55 Hesse St, Queenscliff VIC 3225.

Website: www.searoad.com.au

Unterwegs bei Wind und Wetter

10. The Rip: Berüchtigte Meerenge mit regem Schiffsverkehr

Die nur 3,5 Kilometer breite Meerenge zwischen der Bellarine-Halbinsel und Mornington Peninsula gehört zu den gefährlichsten Seepassagen der Welt. Wechselnde Wetterbedingungen, starke Gezeitenströmungen und ein hoher Wellengang machen die Durchfahrt zu einer Herausforderung – und zu einem Spektakel für Zuschauer und Extremsportler.

„The Rip" wird auch als das Bermuda-Dreieck Victorias bezeichnet. Hier treffen die ruhigen Gewässer der Port Phillip Bay auf die stürmischen Wassermengen der Bass Strait. Hinzu gesellen sich vorgelagerte Riffe und Sandbänke, wodurch die navigierbare Passage auf knapp einen Kilometer verengt wird. Mehr als 20 Wracks liegen hier bereits auf dem Grund des Meeres.

Einen guten Ausblick auf das naturgewaltige Aufeinandertreffen hat der Besucher vom Rip View Lookout in Point Lonsdale, einem verschla-

Die Durchfahrt eines Frachtschiffes gehört zu den Highlights beim Besuch der Meerenge.

Bei Ebbe lassen sich die felsigen Höhlen am Strand erkunden.

fenen, aber reizenden Küstenstädtchen nahe Queenscliff. Von der erhöhten Aussichtsplattform lässt sich das gegenüberliegende Ufer der Mornington Peninsula mit bloßem Auge erkennen. Das Highlight sind allerdings die passierenden Containerschiffe. Wer Glück oder zuvor den Fahrplan studiert hat, ist sogar Zeuge der Durchfahrt der „Spirit of Tasmania“, der Fähre nach Tasmania.

Vom Lookout führt ein Rundweg weiter Richtung Strand. Der seit 1902 stehende Leuchtturm ragt 120 Meter in die Höhe und ist rund um die Uhr besetzt. Ein ebenso großartiges Fotomotiv bietet der hölzerne Pier, auf dem sich zumeist angelnde Australier häuslich eingerichtet haben. Alternativ kann man bei Ebbe die Inselspitze am Strand umrunden und dabei eindrucksvolle Felsformationen und Höhlen entdecken. In einer davon lebte der Legende nach 32 Jahre lang William Buckley, nachdem er 1803 aus einem Sträflingslager entflohen ist. Er wurde von Abo-

Richtungsweiser für Orientierungslose

rigines aufgenommen und lernte ihre Sprache sowie Bräuche. Als ihn Jahrzehnte später Siedler wieder fanden, kam ihm kaum noch ein Wort Englisch über die Lippen.

Wer sich an der Meerenge satt gesehen hat, kann das weitere Aktivitätenprogramm rund um Point Lonsdale nutzen. Dazu zählen neben Schwimmen und Surfen auch Schnorcheln und Tauchen. Die sogenannte Lonsdale Wall beeindruckt unter Wasser u. a. durch Korallenriffe und Anemonen. An mehreren Tagen im Sommer findet zudem der berühmt-berüchtigte „Rip Swim" statt. Für eine schlappe Gebühr von rund 500 AUD können wagemutige Schwimmer von Point Nepean aus die Meerenge durchkreuzen – hindurch zwischen Schiffen, Haien und tosenden Wellen. Wenn das nicht nach Abenteuer pur klingt.

Lotse durch die gefährliche Meerenge

Info

Lage: Rip View Lookout, Point Lonsdale Rd, Point Lonsdale VIC 3225. Ca. 30 km östlich von Geelong, 105 km südwestlich von Melbourne.

Anfahrt: In Geelong Abzweig auf Bellarine Hwy/B110 Richtung Point Lonsdale. Der Lookout befindet sich am Ende der Hauptstraße Point Lonsdale Rd und ist ausgeschildert.

Öffnungszeiten: Täglich. Leuchtturm-Touren sonntags, 9:30-13 Uhr. Buchung vorab erforderlich.

Eintritt: Kostenfrei. Leuchtturm: 10 AUD Erwachsene, 5 AUD Kinder ab 5 Jahre.

Touristeninformation: Visitor Information Centre, 55 Hesse St, Queenscliff VIC 3225.

Website: www.visitgeelongbellarine.com.au, www.maritimequeenscliffe.org.au/tours

11. You Yangs: Versteckte Schönheit mit 360°-Aussicht

Zwischen Melbourne und Geelong liegt von vielen Reisenden völlig unberücksichtigt der Höhenzug der You Yangs. Dabei ist die bis zu 319 Meter hohe Bergkette ein wahres Outdoor-Paradies für Wanderer, Mountainbiker und Kletterer.

Auf den ersten Blick mögen die You Yangs wenig attraktiv sein, vor allem im Sommer, wenn sich die Natur recht ausgedörrt zeigt. Grasland und vereinzelte Eukalyptusbäume bestimmen das Bild im You Yangs Regional Park. Umso vielfältiger ist jedoch die Fauna – mehr als 200 Vogelarten sind hier zu Hause, u. a. Cockatoos, Lorikeets und Kookaburras. Dazu gesellen sich Eastern Grey Kangaroos, Echidnas, Wallabys, Possums und auch Koalas.

Überregional bekannt ist die Bergkette vor allem für die zahlreichen Mountainbike-Pisten, die gleichermaßen für Anfänger und Profis geeignet sind. Zwei Areale bieten mit über 50 Kilometern Streckenlänge pures Offroad-Vergnügen auf zwei Rädern. Selbst im nahen Melbourne hat sich der Tipp mittlerweile herum gesprochen. So starten von hier regelmäßig geführte Mountainbike-Touren in die Region.

Die Eidechsen sind leicht zu übersehen.

Darüber hinaus befinden sich im ganzen Park großartige Kletter- und Abseiling-Möglichkeiten sowie angelegte Reiterwege. Wer lieber zu Fuß unterwegs ist, erkundet auf sechs möglichen Wanderwegen die You Yangs, die für alle Fitnesslevel geeignet sind. Absolut lohnenswert ist der Flinders Peak Trail. Dieser führt auf 3,2 Kilometern Länge und über 450 Stufen hinauf auf den Flinders Peak, den höchsten Gipfel.

Mountainbiking vor toller Kulisse im You Yangs Regional Park

Auf etwa halber Strecke passiert der Besucher eine Aussichtsplattform, von der aus eine 100 Meter breite und aus 1500 Tonnen Geröll bestehende Steinskulptur in Form eines Adlers sichtbar ist. Diese wurde von Andrew Rogers erschaffen und versinnbildlicht den indigenen Schöpfer Bunjil (siehe Tipp 17). Auf dem Plateau angekommen, offenbart sich schließlich ein himmlischer 360°-Rundumblick auf die umgebenden Werribee Plains, Corio Bay, Geelong und mit etwas Glück auch Melbourne.

Über den Park verteilt befinden sich Rest Areas, Picknick- und Feuerplätze sowie öffentliche Toiletten. Ein Ausflug in die You Yangs eignet sich damit als perfekter Tagestrip. So bringt es der Slogan eines örtlichen Touranbieters auf den Punkt – „Escape to the bush and be back in the city by dinner".

Vom Flinders Peak reicht der Blick weit hinaus in die Werribee Plains.

Info

Lage: Branch Rd, Little River VIC 3211. Ca. 25 km nördlich von Geelong, 60 km westlich von Melbourne.

Anfahrt: Über Princess Fwy/M1 Richtung Lara, dort Abzweig auf Forest Rd/C114 bis Branch Rd. Alternativ Richtung Little River, dort Abweig auf Little River Rd/You Yangs Rd bis Branch Rd.

Öffnungszeiten: Täglich 7-17 Uhr, im Sommer 7-18 Uhr. Camping ist nicht gestattet.

Eintritt: Kostenfrei.

Touristeninformation: Visitor Information Centre, 26 Moorabool St, Geelong VIC 3220.

Website: www.parkweb.vic.gov.au, www.trailhiking.com.au, www.youyangsmtbinc.com.au

Great Ocean Road

12. Baywalk Bollards: Lebensgroße Holzfiguren in Geelong
13. Teddy's Lookout: Das wohl schönste Great Ocean Road-Panorama
14. Port Fairy: Märchenhaftes an der Great Ocean Road
15. Cape Nelson: Abgelegenes Kap vor stürmischer Kulisse
16. Petrified Forest: Ein Wald aus Stein am Cape Bridgewater

Am Cape Bridgewater fühlt man sich wie am Ende der Welt.

Echuca/Moama
Bendigo
Horsham
Ballarat
Hamilton
Melbourne
12. Geelong Bay Bollards
Port Phillip Bay
16. Petrified Forest
Warrnambool
Torquay
Portland
Lorne
15. Cape Nelson
14. Port Fairy
13. Teddy's Lookout
Bass-Straße
Tasmanische See
King Island

12. Baywalk Bollards: Lebensgroße Holzfiguren in Geelong

Reisende entlang der Great Ocean Road lassen Geelong zumeist links liegen. Die Umfahrung über die M1 macht es möglich. Zudem scheint die Stadt, die mehr als 200.000 Bewohner ihr Zuhause nennen, keine wirklich nennenswerten Attraktionen zu haben. Dabei gibt es mindestens 104 gute Gründe, in der Stadt an der Corio Bay Halt zu machen.

An insgesamt 48 Plätzen entlang der Strandpromenade zieren geschnitzte und liebevoll bemalte Holzpoller die Stadt. Wie viele Poller es tatsächlich sind, wird in den Broschüren unterschiedlich angegeben. Mal ist von 104 die Rede, dann wieder von 111. Über hundert sind es also ganz sicher. Und alle erzählen sie eine ganz eigene Geschichte aus der Vergangenheit von Geelong, seien es Ereignisse oder berühmte Persönlichkeiten. So kann der Spaziergänger z. B. einer Gruppe Rettungsschwimmer bei der Arbeit zuschauen, neben Strandschönheiten posieren oder Matthew Flinders für die Entdeckung der nahen You Yangs (siehe Tipp 11) danken.

Schwimmer am Eastern Beach anno 1930

Geschaffen wurden sie durch die australische Künstlerin und Bildhauerin Jan Mitchell. Mitte der 1990er-Jahre übertrug man ihr die Aufgabe, der heimischen Waterfront ein neues, frisches Gesicht zu geben. Dazu nutzte die Künstlerin die Holzpfeiler des alten Yarra-Street-Steges, der zuvor bei einem Feuer zerstört wurde. Mit detaillierter und hingebungsvoller Handarbeit hauchte sie diesen wieder Leben ein. Allein die Recherche der historischen Hintergründe, Kleidung und Accessoires verschlang viel Zeit, von der Schnitzerei und dem händischen Bemalen aller Poller einmal abgesehen. 2000 schließlich fand der letzte der Baywalk Bollards sein Zuhause am Ufer der Bucht.

Ian MacDonald, einstiger Bauleiter und Landschaftsgestalter der Stadt

Die lebensgroßen Holzfiguren sind seit jeher stolzer Ausdruck der Identität Geelongs, das noch immer tief im Schatten Melbournes steht. Doch so langsam mausert sich die einstige Industriestadt zum Urlaubsort, auch Dank der Baywalk Bollards, welche über die Stadtgrenzen hinaus bekannt sind. So locken einige von ihnen bereits am Flughafen in Melbourne die Besucher an die Corio Bay.

Von der heutigen überregionalen Popularität ihrer Figuren bekommt Jan Mitchell nichts mehr mit – sie verstarb 2008. Die Künstlerin schuf mit den Bollards zwar stumme, aber unglaublich faszinierende Zeitzeugen, die dem Besucher auf vier Kilometern Länge jede Menge fotogener Stadt- und Landesgeschichte vermitteln.

Die Rettungsschwimmer vom Eastern Beach

Info

Lage: Entlang der Geelong Waterfront (Esplanade, Western/Eastern Beach Rd, Hearne Parade), zwischen Rippleside Park im Norden bis Limeburners Point im Süden. Ca. 75 km westlich von Melbourne.

Anfahrt: Über Princes Fwy/M1 bzw. Great Ocean Rd/B100 Richtung Geelong Stadtzentrum bzw. Strandpromenade.

Öffnungszeiten: Immer.

Eintritt: Kostenfrei.

Touristeninformation: Visitor Information Centre, 26 Moorabool St, Geelong VIC 3220.

Website: www.visitgeelongbellarine.com.au

13. Teddy's Lookout: Das wohl schönste Great Ocean Road-Panorama

Entlang der Great Ocean Road folgt ein berauschender Lookout dem nächsten. Anhalten oder weiterfahren ist gerade bei engem Zeitfenster die permanent quälende Frage. Was die Küstenstraße vor allem so legendär macht, ist ihr Gesamtpanorama aus gewundenem Straßenverlauf, malerischen Buchten zur einen und bewaldeten Berghängen zur anderen Seite. Und das wiederum lässt sich am besten von oben bestaunen. Genau aus diesem Grund sollte man den hoch gelegenen Teddy's Lookout unter keinen Umständen verpassen.

Ein kurviger Ausblick

Versteckt liegt der Aussichtspunkt nicht. Ganz im Gegenteil – im malerischen Küstenstädtchen Lorne, einer Touristenhochburg entlang der Great Ocean Road, ist dieser deutlich ausgeschildert. Wohl jeder Besucher fährt also definitiv am Teddy's Lookout vorbei, entweder unbewusst oder unbeachtet, weil der Anfahrtsweg irritierenderweise zunächst vom Meer wegzuführen scheint.

Der Lookout lässt sich auf zwei Wegen erreichen, je nachdem, wie viel Zeit und Kondition man mitbringt. Vom Parkplatz George St/Francis St führt der moderate, 1,8 Kilometer lange Teddy's Lookout Circuit durch das angrenzende Buschland hinauf zu den beiden Aussichtsplattformen und wieder hinab. Dafür sollten rund 45 Minuten angesetzt werden. Ist das Zeitfenster weniger spendabel oder einfach die Puste aus, kann der Besucher direkt zum Ende der George St fahren und nur wenige Meter bis zum Lookout laufen.

Fotogenes Küstenpanorama

Vom ersten, höher gelegenen Aussichtspunkt offenbart sich ein spektakuläres Panorama der Küstenlinie mitsamt dem in die Bass Strait mündenden St. George River. Um den Fluss etwas landeinwärts zu überqueren, ist der Streckenverlauf der Great Ocean Road hier besonders kurvig. Dadurch ergibt sich eine fantastische Sicht, die auch die gewundene Straße selbst mit im Blick hat und eben nicht „nur" das Meer. Bei Flut ist der Ausblick besonders reizvoll, wenn der St. George River Wasser führt – wenngleich die geschützte Sandbank bei Ebbe zum Baden einlädt, sobald man wieder unten ist.

Von der zweiten, etwas niedriger gelegenen Plattform schaut der Besucher mehr in das Tal hinein. Hier zeigen sich die Gipfel der Otway Ranges besonders eindrucksvoll, während sich der Fluss malerisch in das mit Farnen bewachsene Tal hinein windet. Wer hier nicht seine Speicherkarte mit unzähligen Aufnahmen füllt, hat wahrscheinlich einen leeren Akku.

Info

Lage: George St, Lorne VIC 3232. Ca. 70 km westlich von Geelong, 144 km westlich von Melbourne.

Anfahrt: Von der Great Ocean Rd/B100 bei Lorne Abzweig in die Otway St oder Albert St, dann auf die George St bzw. der Ausschilderung folgen.

Öffnungszeiten: Immer.

Eintritt: Kostenfrei.

Touristeninformation: Visitor Information Centre, 15 Mountjoy Parade, Lorne VIC 3232.

Website: www.lornevictoria.com.au

14. Port Fairy: Märchenhaftes an der Great Ocean Road

In Warrnambool, der größten Stadt an der Great Ocean Road, startet oder endet oft der legendäre Roadtrip. Dabei liegt nur 30 Kilometer weiter westlich ein beschauliches Städtchen, das den viel entspannteren Ausklang oder auch Einstand in das Abenteuer Great Ocean Road bietet – Port Fairy.

Port Fairy ist ein Küstendorf, wie es pittoresker nicht sein könnte. Mit gerade einmal 3300 Einwohnern ist es zwar überschaubar, geizt jedoch nicht mit Reizen. Bisher ist es selbst zur Hochsaison vom Massentou-

Der Leuchtturm von Port Fairy auf Griffiths Island

rismus verschont geblieben. Das mag am eher vermögenden Urlauberklientel liegen, aber vor allem an der etwas abseitigen Lage. Dabei ist Port Fairy international durchaus bekannt – so wurde es 2012 zur weltweit lebenswertesten Stadt unter 20.000 Einwohner gekürt. Die Gründe dafür sind zahlreich!

Klein, aber fein

1835 von Seemännern gegründet, lebt Port Fairy auch heute noch vom Meer. Einen Eindruck davon bekommt man an der Moyne River Wharf, wo der Besucher den Fischkuttern beim Ein- und Auslaufen zuschauen oder gleich selbst bei einem Ausflug zu hoher See die Angel auswerfen kann. Entlang des malerischen, mit Norfolk-Kiefern bestückten Hafens reihen sich zudem wunderschöne Häuser, deren Mieten bzw. Kaufpreise nicht für jedermann erschwinglich sein dürften. Doch es sind vor allem die liebevoll restaurierten, historischen Bauten aus Blau- und Sandstein, die Port Fairy seinen Charme verleihen. Mehr als 50 davon stammen aus dem 19. Jahrhundert und stehen heute unter Denkmalschutz. Dazu gehören Häuser der Stadtverwaltung, Hotels wie das Caledonian Inn von 1844 oder Cottages einstiger Wal- und Robbenfänger.

Daneben entzückt Port Fairy auch durch natürliche Attraktionen, die sich auf mehreren Wanderwegen entdecken lassen. Einer von ihnen führt auf rund drei Kilometern Länge um Griffiths Island, der Heimat von Sturmtauchern sowie Wallabys. Am südlichen Zipfel der Insel steht ein Leuchtturm von 1859, der heute noch den Schiffen entlang der berüchtigten Shipwreck Coast den Weg weist.

Große und kleine Boote zieren die Moyne River Wharf.

Zahlreiche Cafés, Restaurants, Boutiquen oder Vintage-Shops vertreiben dem Besucher mit Kurzweil die Zeit. Patrouillierte Strände sorgen für Abkühlung im Sommer, im Winter lassen sich hingegen vorbeiziehende Glattwale beobachten. Und Lady Julia Percy Island westlich von Port Fairy ist Heimat der größten Robbenkolonie der südlichen Atmosphäre. Mehr Auswahl geht kaum.

Wer durch Port Fairy spaziert, spürt eine unglaubliche Leichtigkeit. Mürrische Einwohner oder hektische Touristen bekommt man nicht zu Gesicht. Hier ist vom Hype und Gewusel rund um die Great Ocean Road noch nichts bzw. nichts mehr zu spüren.

In Port Fairy lässt es sich wunderbar flanieren.

Info

Lage: Port Fairy VIC 3284. Ca. 27 km westlich von Warrnambool, 85 km südlich von Hamilton, 288 km westlich von Melbourne.

Anfahrt: Entlang des Princes Hwy/A1. Von den Grampians kommend über Penshurst-Dunkeld bzw. Penshurst-Warrnambol Rd/C178.

Mögliche Aktivitäten: U.a. Sightseeing, Wandern, Wassersport, Wildlife, Schlemmen, Shoppen, Entspannen.

Touristeninformation: Visitor Information Centre, 4 Bank St, Railway Place, Port Fairy VIC 3284.

Website: www.visitportfairy-moyneshire.com.au, www.portfairyaustralia.com.au

15. Cape Nelson: Abgelegenes Kap vor stürmischer Kulisse

Nur wenige Kilometer von Portland entfernt bekommt man am Cape Nelson die gesamte Wucht des Südlichen Ozeans zu spüren! Schroffe Klippen, stürmischer Wind selbst im Hochsommer und ein einsamer Leuchtturm an der Spitze des Kaps sind respekteinflößender Ausdruck der australischen Naturgewalten.

Das Cape Nelson Lighthouse sorgt für eine sichere Passage.

Cape Nelson State Park – Eine stürmische und einsame Kulisse

Der Cape Nelson Coastal Park umfasst etwa 210 Hektar und lässt sich von Portland aus bequem über den 24 Kilometer langen Cape Nelson Scenic Drive besichtigen. Auf dem Weg Richtung Kap passiert man u. a. den Enchanted Forest, zu deutsch Verwunschener Wald. Australier sind wahrlich Meister darin, Naturattraktionen einen Namen zu geben, der Neugierde hervorruft und damit zum Stoppen animiert.

Der Besucher schreitet auf dem rund 45-minütigen Rundweg durch eine dichte Vegetation aus knochigen Moonah-Bäumen, deren Äste wüst miteinander verknotet sind und dabei einen Baldachin formen, der durch herabhängende Reben noch mystischer erscheint. In den Bäumen nisten Magpies und Black Cockatoos, im Hintergrund ertönt das Brechen der Wellen an den Klippen. Der Rundweg ist übrigens Teil des Great South West Walk, der auf 250 Kilometern Länge in Portland beginnt und dort auch wieder endet.

Einige Kilometer voraus thront an der Spitze des Kaps schließlich das Cape Nelson Lighthouse einsam und verlassen vor der bedrohlichen Kulisse. Nichts scheint das 32 Meter hohe Gebäude zu erschüttern, schon gar nicht das tosende Meer. Der 1884 in Betrieb genommene Leuchtturm ist heute noch in Gebrauch. Am Kiosk erhält der Besucher, falls gewünscht, ein Ticket für eine geführte Tour. Allein das beeindruckende Panorama ist den Turmaufstieg wert. Ebenso interessant ist der Rundgang durch den Lighthouse Precinct, wenngleich dieser etwas eingeschränkt ist. Denn zwei der Cottages sind zugleich als Unterkunft buchbar. Wer also mag, kann Tag und Nacht am Kap verbringen und sich vorstellen, wie abgeschieden und rau das Leben hier draußen ist.

Auf Wanderwegen lässt sich der Küstenpark erkunden.

Der Lighthouse Precinct lädt zum Übernachten ein.

Info

Lage: Cape Nelson Rd, Portland West VIC 3305. Ca. 10 km westlich von Portland, 365 km westlich von Melbourne.

Anfahrt: Über Cape Nelson Rd bzw. Norman Wade Scenic Drive Richtung Cape Nelson.

Öffnungszeiten: Park: Immer. Leuchtturmtour: Täglich 11 und 14 Uhr. Isabella's Café: Täglich 10-16 Uhr.

Eintritt: Park: Kostenfrei. Leuchtturmtour: 15 AUD Erwachsene, 10 AUD Kinder. Leuchtturmunterkunft ab 200 AUD.

Touristeninformation: Visitor Information Centre, Lee Breakwater Rd, Portland VIC 3305.

Website: www.parkweb.vic.gov.au, www.visitportland.com.au, www.capenelsonlighthouse.com.au, www.greatsouthwestwalk.com

16. Petrified Forest: Ein Wald aus Stein am Cape Bridgewater

Wer am Cape Bridgewater entlang tourt, hat sich entweder verirrt oder fährt auf Umwegen Richtung South Australia. Dabei lohnt sich ein Abstecher an die höchsten Klippen Victorias unbedingt. Denn während es am benachbarten Cape Nelson einen verwunschenen Wald gibt (siehe Tipp 15), kommt dieser am Cape Bridgewater versteinert einher.

Der Petrified Forest ist Teil des Discovery Bay Coastal Park, der sich bis an die Grenze South Australias erstreckt. Die Straße hinauf ans Kap endet scheinbar im Nichts. Hier fühlt sich der Besucher trotz Windräder und Farmen drumherum ein wenig wie am Ende der Welt.

Vom Parkplatz aus sind es gerade einmal knapp 50 Meter, bis der Besucher inmitten des versteinerten Waldes steht, der auf einer Seite durch steile Klippen begrenzt ist. Der sich bietende Anblick ist surreal: ein bis drei Meter hohe, mit Löchern durchsetzte Röhren, einige bereits gebrochen, andere stoisch stehend. Irgendwie ähneln sie einem Arrangement unterschiedlichster Flöten oder Orgelpfeifen, nur ein wenig überdimensioniert. Zudem erwecken sie den Eindruck, sie würden zerbröseln, sobald man ihnen zu nahe kommt.

Wohin als Erstes?

Ein Wald aus Kalkstein

Mit Bäumen haben die Röhren allerdings nicht viel gemein, wenngleich man einst glaubte, ein Wald aus Moonah-Bäumen sei hier von einer Sanddüne bedeckt worden und ausgehärtet. Die hier stehende Infotafel klärt den Besucher heute wie folgt auf: Danach handelt es sich bei dem „Wald" nicht etwa um Bäume, sondern um Kalkstein, der sich durch eindringendes Wasser allmählich von innen heraus zersetzte, während die äußeren Sandschichten aushärteten. Nicht zementiertes Material wurde im Laufe der Zeit durch Regen und Erosion abgetragen. Übrig blieben versteinerte Sandsäulen.

Wer nach so viel Theorie etwas Erfrischendes für den Geist benötigt, sollte sich auf der anderen Seite des Parkplatzes unbedingt noch die Blowholes anschauen. Besonders beeindruckend sind sie bei Flut, wenn die Wellen mit geballter Kraft gegen die Klippen bzw. auf auslaufende Wellen prallen. Die Gischt entweicht durch die Höhlen des zerklüfteten Basaltgesteins und wird quasi in die Luft gesprengt. Ebenso bombastisch ist die Geräuschkulisse – ein einziges Tosen und Donnern! Zudem lohnt sich zu jeder Jahreszeit ein genauer Blick hinaus aufs Meer: Während in den Wintermonaten Glattwale vorbeiziehen, lassen sich im Sommer mitunter Blauwale erspähen.

Die Blowholes sorgen für eine tosende Geräuschkulisse.

Schatten spenden diese Bäume kaum.

Info

Lage: Blowholes Rd, Cape Bridgewater VIC 3305. Ca. 25 km westlich von Portland, 373 km westlich von Melbourne.

Anfahrt: Über Bridgewater Rd bzw. Blowholes Rd/C193 bis zum Ende der Straße. Alternativ führt ein längerer Wanderweg vom Ort Cape Bridgewater über die Klippen hinauf zum Petrified Forest.

Öffnungszeiten: Immer.

Eintritt: Kostenfrei.

Touristeninformation: Visitor Information Centre, Lee Breakwater Rd, Portland VIC 3305.

Website: www.visitportland.com.au, www.greatoceanroad.info

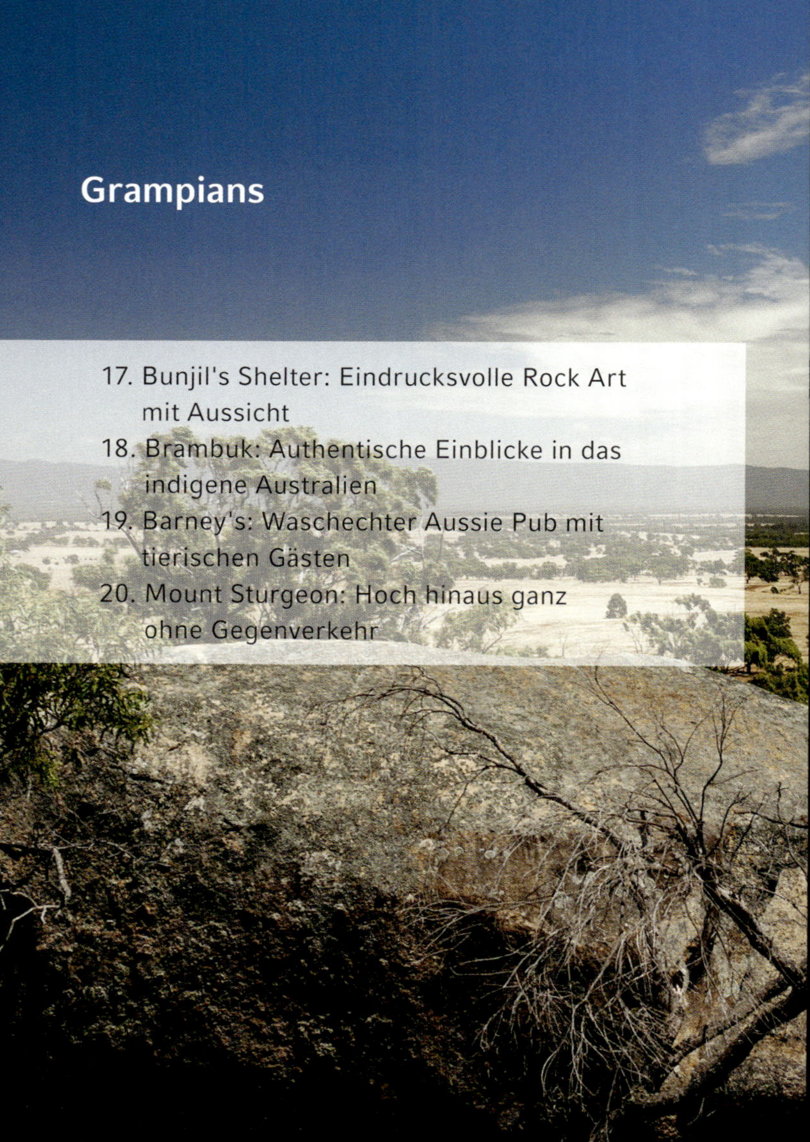

Grampians

17. Bunjil's Shelter: Eindrucksvolle Rock Art mit Aussicht
18. Brambuk: Authentische Einblicke in das indigene Australien
19. Barney's: Waschechter Aussie Pub mit tierischen Gästen
20. Mount Sturgeon: Hoch hinaus ganz ohne Gegenverkehr

Ausblick vom Black Range Scenic Reserve auf die nahen Grampians

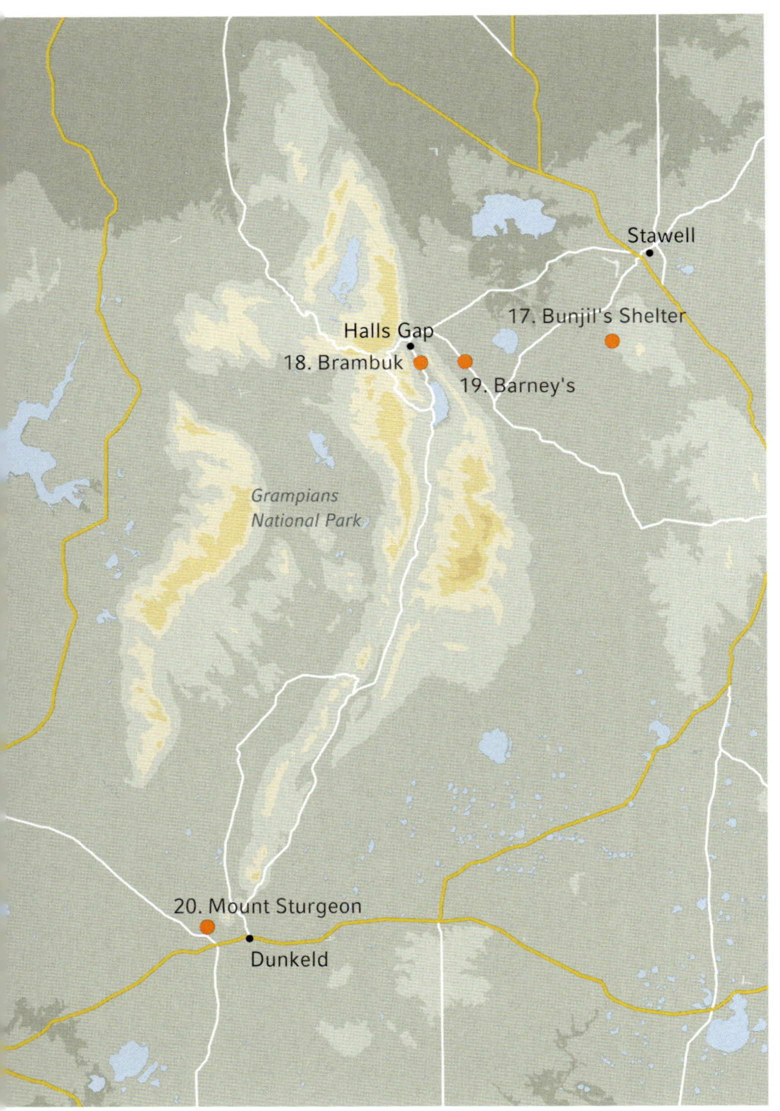
Stawell
17. Bunjil's Shelter
Halls Gap
18. Brambuk
19. Barney's
Grampians
National Park
20. Mount Sturgeon
Dunkeld

17. Bunjil's Shelter: Eindrucksvolle Rock Art mit Aussicht

Die Grampians – in der Sprache der Aborigines auch Gariwerd genannt – sind seit mehr als 20.000 Jahren bewohnt. Davon zeugen zahlreiche Rock Art Sites, die zu den wichtigsten kulturellen Zeugnissen der Ureinwohner gehören. Die wohl bedeutendste unter ihnen ist Bunjil's Shelter.

Viele der Rock Art-Stätten liegen innerhalb des Grampians National Park; Bunjil's Shelter hingegen befindet sich im Black Range Scenic Reserve bei Stawell abseits der Wege. Im Unterschied zu den Zeichnungen im Nationalpark, die Handabdrücke, Tierspuren und Strichmenschen abbilden, handelt es sich bei dieser zudem um die einzige bekannte Darstellung des Erschaffers Bunjil.

Bunjil und seine Helfer, zwei Dingos

Auf dem Plateau erwartet den Besucher ein Panoramablick.

Die Figur des Bunjil ist fest verankert in der Schöpfungsgeschichte der Eingeborenen Südost-Australiens. In Gestalt eines Adlers schuf er die Berge, Seen, Wälder, Flüsse, Pflanzen und Tiere Gariwerds. Mit Vollendung seines Werkes stieg Bunjil in den Himmel hinauf und beschützt seit jeher die Region und ihre Bewohner.

Die Anfahrt zum Shelter ist mühelos. Vom Parkplatz führt ein etwa 100 Meter langer, weitestgehend flacher Weg zu einem großen Granitfelsen, in dessen Höhle sich die Zeichnung befindet. Zugegeben, die Beschilderung ist etwas mager, doch die Gefahr des Verirrens hält sich in Grenzen. Zudem sorgt ein vorgebauter Käfig aus Maschendraht dafür, dass der Besucher quasi nicht an der Zeichnung vorbeilaufen kann.

Um keine falschen Erwartungen zu wecken: Bunjil's Shelter ist nicht in Szene gesetzt. Weder ist die Zeichnung von größerem Ausmaß noch wurde das Gelände drumherum für Touristen „aufbereitet“, wie z. B. bei den weitaus berühmteren Darstellungen im Kakadu National Park im Northern Territory. Vielmehr kann der Besucher hier die Rock Art Site ohne jeglichen Andrang in seiner schlichten Ursprünglichkeit erkunden. Die kulturelle Erfahrung wird lediglich durch das besagte Gitter ein wenig getrübt. Doch wohl nur so lassen sich Beschmierungen oder schlichtweg Berührungen vermeiden und somit die Zeichnung für die Nachwelt erhalten.

Wer sich lediglich das Rock Art-Gemälde anschaut und angesichts der lästigen Fliegen gleich wieder umkehrt, verpasst übrigens die grandiose Aussicht weiter oben auf dem Plateau, zu der ein Trampelpfad führt und von der vielleicht auch Bunjil bereits den Blick auf die nahen Grampians genoss.

Info

Lage: Bunjils Cave Rd, Black Range VIC 3381. Ca. 11 km südwestlich von Stawell, 33 km östlich von Halls Gap, 244 km nordwestlich von Melbourne.

Anfahrt: Über Pomonal Rd/C221 Richtung Stawell bzw. Pomonal. Bei Ausschilderung Abzweig auf Bunjils Cave Rd, ca. 3,5 km bis zum Parkplatz.

Öffnungszeiten: Immer.

Eintritt: Kostenfrei. Im Brambuk Centre kann eine geführte Tour hierhin gebucht werden (siehe Tipp 18).

Touristeninformation:

- Brambuk – The National Park & Cultural Centre, 277 Grampians Rd, Halls Gap VIC 3381.
- Visitor Information Centre, 6 Main St, Stawell VIC 3380.

Website: www.parkweb.vic.gov.au, www.wimmera.com.au, www.brambuk.com.au

18. Brambuk: Authentische Einblicke in das indigene Australien

Erste Anlaufstelle für Besucher der Grampians ist zumeist das Visitor Centre in Halls Gap. Dass nur wenige 100 Meter entfernt mit dem Brambuk – The National Park & Cultural Centre ein weitaus erhellenderes Informationszentrum liegt, ist hingegen kaum bekannt.

Das Kulturzentrum, welches zu 100 Prozent den fünf örtlichen Aborigine-Stämmen gehört und von ihnen betrieben wird, ist ein gelungener Mix aus Informationspunkt, Museum und Open Air-Ausstellung. Zunächst gelangt der Besucher in das vergleichsweise nüchterne Informationszentrum, wo er Auskünfte über Wanderwege, Wetterbedingungen und Tourangebote erhält. Dem angeschlossen sind ein Café sowie Souvenirshop. Auf der Terrasse bzw. im Garten hinter dem Gebäude kann man sich einen Überblick über die sechs Jahreszeiten der Ureinwohner verschaffen und erfahren, wie sie seit jeher Flora und Fauna für Nahrung und Medizin nutzen.

Brambuk heißt „weißer Kakadu“.

Das eigentliche Highlight jedoch liegt weiter abseits auf dem Gelände – das Aboriginal Cultural Centre. Eingebettet in der atemberaubenden Kulisse der Grampians besticht vor allem die Architektur des Gebäudes: So ist das geschwungene, leuchtend orange Dach den Flügeln des Cockatoo nachgeahmt, einem Totem der Eingeborenen. Auch die miteinander vermengten Baumaterialien versinnbildlichen den indigenen Bezug. So symbolisieren z. B. die Baumstämme im Inneren den Leben spendenden Wald und die Rampe hinauf in das Obergeschoss den Aal als wichtige Nahrungsquelle. Jedes noch so kleine bauliche Detail des Zentrums interpretiert die jahrtausendealte Geschichte und Besiedlung der Bergkette. Auf insgesamt 800 Quadratmetern Ausstellungsfläche kann der Besucher diese anschaulich nacherleben, z. B. durch Fotografien, Informationstafeln oder Dokumentationen.

Eine Augenweide – das Aboriginal Cultural Centre

Das Brambuk Centre möchte so die breite Öffentlichkeit auf das Leben und die Traditionen der Eingeborenen aufmerksam machen. Hier wird die reiche Vergangenheit des Roten Kontinents nicht nur wiederbelebt, sondern ebenso für die Nachwelt erhalten; auch für die jungen Aborigines, die vor Ort ausgebildet werden. Zwischen beiden Kulturen vermitteln, Vorurteile abbauen und Grenzen überwinden – allein deswegen sollte ein Besuch des beeindruckenden Kulturzentrums bei keinem Trip in die Grampians fehlen!

Info

Lage: 277 Grampians Rd, Halls Gap VIC 3381. 255 km westlich von Melbourne.

Anfahrt: Von Halls Gap kommend nur wenige Kilometer entlang Grampians Rd/C216 Richtung Dunkeld.

Öffnungszeiten: Täglich 9-17 Uhr, Café: 9-16 Uhr.

Eintritt: Kostenlos. Aktivitäten und Touren möglich, z. B.
- Gariwerd Dreaming Theatre: 3 AUD/Person,
- Didgeridoo/Boomerang Workshop: 6 AUD/Person,
- Bunjil's Creation Tour: 80 AUD (siehe Tipp 17),
- Six Seasons Tour: 180 AUD. Z. T. Anmeldung vorab nötig (siehe Website).

Website: www.brambuk.com.au

Ein Themengarten führt durch das Gelände.

Ein Outdoor-Museum informiert über die Jahreszeiten der Ureinwohner.

Man sollte unbedingt genügend Zeit für den Besuch einplanen!

19. Barney's: Waschechter Aussie Pub mit tierischen Gästen

In der Touristenhochburg Halls Gap bieten sich dem Besucher zahlreiche Möglichkeiten, um bei einem leckeren Essen den Tag ausklingen zu lassen. Wer jedoch Appetit auf handfeste australische Küche hat, und das in authentischer Umgebung, der sollte bei Barney's essen.

Barney's ist tatsächlich ein alter Schuppen.

Barney's Bistro Bar liegt nur eine kurze Autofahrt von Halls Gap Richtung Pomonal entfernt, einem kleinen Dorf zu Füßen der Mount William Range. Ganz in der Nähe befindet sich übrigens auch der Halls Gap Zoo, falls der Besucher zwei Fliegen mit einer Klappe schlagen möchte. Der erste Eindruck mag etwas Skepsis hervorrufen. Vor dem Gast steht ein alter Schuppen, auf dem mit Farbe gepinselt der Barname steht.

Doch der Charme des alten Schuppens offenbart sich, sobald man eintritt. In Vitrinen und an den Wänden lassen sich Antiquitäten wie Laternen und Scheren bestaunen, die von der Vergangenheit des Gebäudes erzählen. Denn hier wurden einst Schafe geschoren – typisch australischer geht es kaum. Ein Blöken hört man nicht mehr, stattdessen zischendes Bier, gut gelaunte Anwohner und ein herzhaftes Schmatzen.

In jedem guten Country Pub steht ein „pool table".

Wer auf der Suche nach einem typischen Country Pub mit rustikalem Flair und leckerem Essen ist, isst hier genau richtig. Die bloße Blechverkleidung, einfache Holzmöbel und eine dezente, aber originelle Dekoration geben dem Bistro auch von innen einen ungemein urigen Charme. Selbst die Toiletten sind ein Highlight, auch wenn der Saloon-Look nicht unbedingt zu einem Country Pub passt.

Rustikales Ambiente

Alles in allem ist Barney's ein bodenständiger Pub mit ebenso bodenständiger Küche und Gästen. Da hier eher Einheimische statt Touristen einkehren, ist es selbst an einem Freitag nicht krachend voll. Eine Reservierung ist also nicht zwingend erforderlich, wenngleich ratsam, sofern man in einer größeren Gruppe unterwegs ist. Bestellt und gezahlt wird direkt am Tresen. Auf der Speisekarte stehen typische Pub-Gerichte: Chicken Parmigiana, Steak in sämtlichen Variationen oder Fish & Chips. Die Portionen sind frisch zubereitet, unheimlich lecker und vor allem üppig. Hungrig geht hier keiner raus. Mit durchschnittlichen Preisen von 25 AUD sind die Gerichte zwar kein Schnäppchen, aber jeden einzelnen Bissen wert.

Das eigentliche Highlight wartet jedoch im Garten von Barney's. Hier erlebt der Gast nicht nur einen wunderschönen Panoramablick auf den Sonnenuntergang über den Grampians. Auf der Wiese direkt hinter der Bar hausen zudem meist zahlreiche Kängurus, die genüsslich futtern, umher springen oder miteinander boxen. Die Kamera sollte also unbedingt zur Hand sein. Denn einen süßeren Nachtisch gibt es nicht.

Nichts geht über ein leckeres „Chicken Parma"!

Zum Nachtisch warten süße Kängurus im Garten ...

... natürlich nur zum Schauen, nicht zum Naschen.

Info

Lage: Halls Gap-Ararat Rd, Pomonal VIC 3881. Ca. 13 km südöstlich von Halls Gap, 240 km westlich von Melbourne.

Anfahrt: Über die Halls Gap-Ararat Rd/C222. Das Bistro liegt direkt an der Straße kurz vor/hinter Pomonal.

Öffnungszeiten: Mi-Fr „drinks and dinner", Fr-So „lunch, dinner and drinks".

Website: www.barneysbistrobar.com.au

20. Mount Sturgeon: Hoch hinaus ganz ohne Gegenverkehr

Von Halls Gap lassen sich alle angepriesenen Naturspektakel der Grampians erreichen, seien es die Mackenzie Falls, der Pinnacle Lookout oder die Balconies. Nur die wenigsten Besucher hingegen erkunden die südlichen Ausläufer der Bergkette – unter ihnen Mount Sturgeon.

Mount Sturgeon erhebt sich in der Serra Range, unweit der Stadt Dunkeld. Mit Ausnahme des berühmten Restaurants, dem Royal Mail Hotel, mangelt es dem Ort durchaus an Flair. Doch angesichts des ehrfurchtsvollen Bergpanoramas hat es Dunkeld nicht nötig, sich aufzubrezeln. Die schroffen und zerfurchten Abhänge des Mount Sturgeon ragen weit sichtbar 533 Meter in die Höhe und geben gemeinsam mit dem nahen Mount Abrupt eine beeindruckende Kulisse ab. Wen es hier nicht in den Füßen juckt, der wandert nicht gern.

Nur ein wenig außerhalb von Dunkeld erreicht man den Parkplatz, an dem der dreieinhalb Kilometer lange Aufstieg zum Gipfel beginnt. Für den Hin- und Rückweg sind etwa drei Stunden angesetzt – und die werden für den zu erklimmenden Höhenunterschied von 343 Metern auch gut und gerne benötigt. Der Track ist als „hard" eingestuft. Für erfahrene Wanderer dürfte der Aufstieg keine große Herausforderung darstellen; durchschnittlich fitte Urlauber kommen hingegen ordentlich außer Puste.

Und los geht's!

Zu Beginn läuft man zunächst auf recht ebener Strecke. Eukalyptus- und Grasbäume säumen den Weg, vereinzelt springen Wallabys durch das Dickicht. Nach den ersten 30 Minuten kommen leichte Zweifel auf, ob man dem Gipfel überhaupt näher kommt oder diesen nur umrundet. Doch dann geht es auch schon los. Der zuvor sandige Weg besteht zusehends aus rutschigem Geröll und Felsbrocken. Fortan bahnt sich der Wanderer kletternd, holpernd und schniefend seinen Weg hinauf. Mitunter ist der Streckenverlauf nicht ganz eindeutig, da er sich sehr gut in die natürliche Umgebung einfügt. Gelbe Pfeilmarkierungen verhindern jedoch, dass der Besucher vom rechtem Weg abkommt.

Für dieses Panorama lohnt sich der anstrengende Aufstieg allemal.

Je mehr sich der Gipfel nähert, desto spärlicher wird die Vegetation. Im Frühling verleihen jedoch Wildblumen der sonst raueren Atmosphäre viele bunte Farbkleckse. Zwischendurch gibt der Weg immer wieder eine grandiose Aussicht auf die Umgebung frei. Das spektakulärste Panorama bietet aber natürlich der Gipfel selbst. Hier oben wandert der Blick genüsslich vom üppig grünen Victoria Valley über die Serra Range mitsamt dem Mount Abrupt und The Piccaninny bis zu den goldenen Ebenen hinter Dunkeld. Hat man die Aussicht lange genug aufgesogen, geht es auf gleichem Weg schließlich wieder zurück.

Feste Schuhe sind bei diesem Track ein Muss.

Mächtig thront der Mount Sturgeon bei Dunkeld.

Info

Lage: Grampians National Park, Dunkeld VIC 3294. Ca. 3 km nördlich von Dunkeld, 60 km südlich von Halls Gap, 270 km westlich von Melbourne.

Anfahrt: Der Aufstieg beginnt am Mount Sturgeon Walk-Parkplatz, an der Kreuzung Grampians Rd/C216 & Victoria Valley Rd/C217.

Öffnungszeiten: Immer.

Eintritt: Kostenfrei.

Touristeninformation: Visitor Information Centre, Parker St, Dunkeld VIC 3294.

Website: www.visitgrampians.com.au, www.parkweb.vic.gov.au

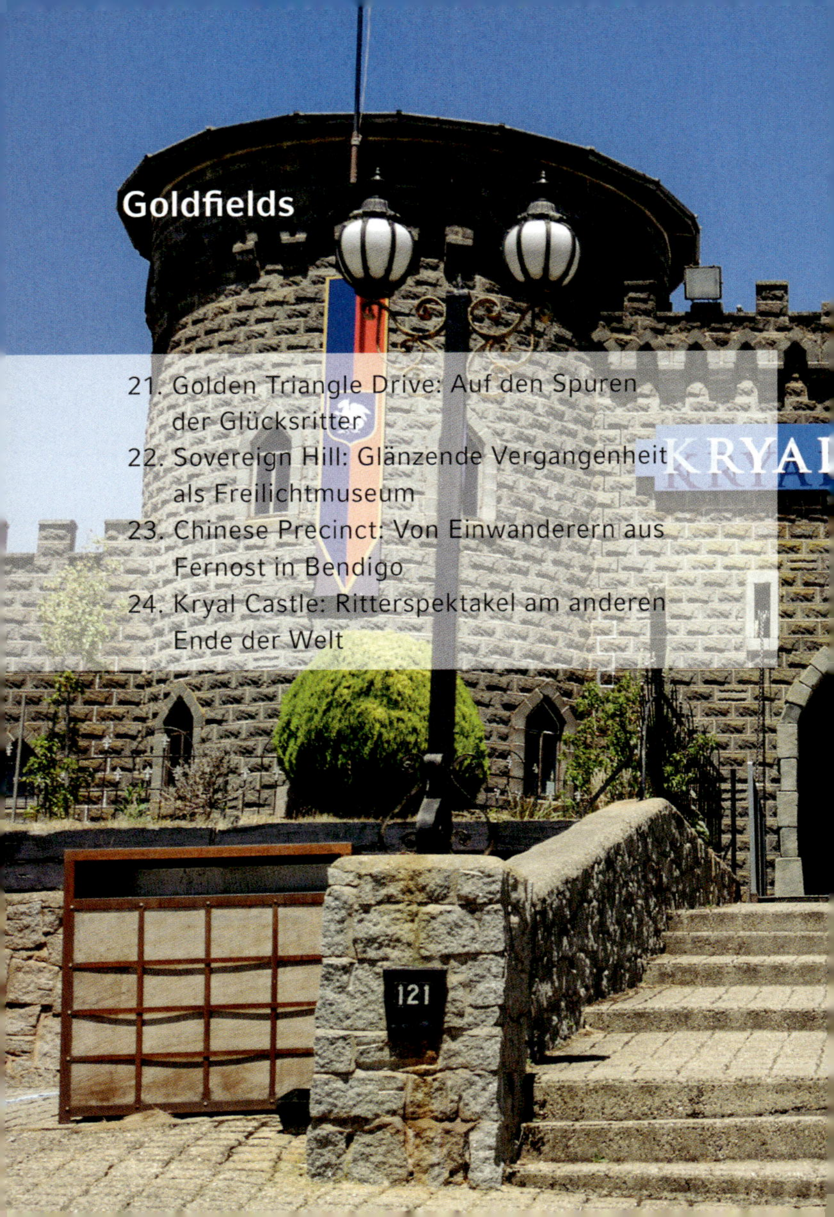

Goldfields

21. Golden Triangle Drive: Auf den Spuren der Glücksritter
22. Sovereign Hill: Glänzende Vergangenheit als Freilichtmuseum
23. Chinese Precinct: Von Einwanderern aus Fernost in Bendigo
24. Kryal Castle: Ritterspektakel am anderen Ende der Welt

Ritterburgen in Australien? Jawohl!

Echuca/Moama
Wedderburn
Moliagul
21. Golden Triangle
Bendigo
23. Chinese Precinct
Dunolly
Maldon
Maryborough
Castlemaine
Avoca
22. Sovereign Hill
Ballarat
24. Kryal Castle
Melbourne
Port Phillip Bay
Geelong

21. Golden Triangle Drive: Auf den Spuren der Glücksritter

Mitte des 19. Jahrhunderts war nicht etwa Kalifornien das Mekka der Goldgräber, sondern Australien. Der jahrelange Goldrausch sollte die Geschichte des Landes, allen voran des Bundesstaates Victoria, grundlegend verändern. Denn nirgends waren die Funde so glänzend und üppig wie im Südosten des Kontinents.

Der Bahnhof in Maryborough – schönste Goldrausch-Architektur

Es begann 1851, als Glücksritter die ersten Gold Nuggets bei Ballarat ausgruben. In den kommenden Jahrzehnten traten im Hinterland Victorias die reichsten Goldfunde weltweit zu Tage. Die Goldfields erstreckten sich zwischen den Städten Bendigo, Ballarat und Wedderburn, dem sogenannten Golden Triangle. Bis 1896 produzierte der Staat angeblich mehr als 60 Millionen Unzen Gold; während der Höchstphase landeten im Schatzhaus von Melbourne wöchentlich rund zwei Tonnen des Edelmetalls!

Heute lässt sich diese Region wunderbar mit dem Auto oder Fahrrad entdecken. Themenrouten wie der Goldfields Way oder Fossickers Drive führen den Besucher durch die reiche Vergangenheit Victorias. Zu den eindrucksvollsten Städten der goldenen Ära gehören Bendigo, Ballarat und Castlemaine, deren viktorianische Prachtbauten den einstigen Wohlstand noch heute zur Schau stellen. Ebenso den Goldrausch überdauert haben die sehenswerten Städtchen Maryborough und Maldon. Letzteres zählt neben Beechworth (siehe Tipp 39) zu den besterhaltenen historischen Orten Victorias. Von den ehemals 20.000 Einwohnern lebt zwar heute nur noch ein Bruchteil hier, aber die restaurierte Kulisse versetzt den Besucher stimmungsvoll zurück in die 1860er-Jahre.

Eine Tour entlang der Goldfields wird allerdings erst durch die vielen „Tiny Towns" erlebnisreich, von denen einige heutzutage aus nicht mehr als einem Dutzend Häusern bestehen, z. B. Moliagul. Hier wurde 1869 der weltweit größte Nugget – der Welcome Stranger – gefunden. Er lag gerade einmal wenige Zentimeter unter der Erde, wog rund 70 Kilogramm und wäre heute ca. 1 Million AUD wert. Übrigens erblickte auch Reverend John Flynn in Moliagul 1880 das Licht der Welt. Er sollte später den Royal Flying Doctor Service begründen. Kleiner Ort – große Geschichte!

Einen ganz anderen Eindruck hingegen vermittelt das nahe Dunolly. Nicht viel größer, aber deutlich vibrierender lässt sich hier der Goldrausch von einst nachempfinden, sei es im Goldfields Historical and Arts Museum oder im Historic Precinct, wo viele der historischen Gebäude aus den 1860er-Jahren erhalten sind.

Fundstätte des „Welcome Stranger"

Auch mit Schwimmbaggern wurde nach Gold gesucht.

Info

Lage: Region zwischen den Städten Bendigo, Ballarat und Wedderburn. Ca. 120-230 km nordwestlich von Melbourne.

Sehenswerte Themenorte: Bendigo, Castlemaine, Maldon, Ballarat, Maryborough, Avoca, Dunolly, Tarnagulla, Moliagul, Kingowner, Wedderburn.

Länge/reine Fahrzeit: Ca. 360 km, rund 5 Std.

Touristeninformation:

- Visitor Information Centre, 51-67 Pall Mall, Bendigo VIC 3550.
- Visitor Information Centre, 225 Sturt St, Ballarat VIC 3350.
- Visitor Information Centre, 91 Nolan St, Maryborough VIC 3465.

Website: www.bendigotourism.com, www.visitballarat.com.au, www.visitmaryborough.com.au

22. Sovereign Hill: Glänzende Vergangenheit als Freilichtmuseum

Die größte Inlandsstadt Victorias, Ballarat, wurde auf Gold gebaut. Eindrucksvollstes Zeugnis dessen ist Sovereign Hill – ein riesiges Outdoor-Museum, das die Stadt zur Zeit des Goldrausches wieder zum Leben erweckt.

Ein unterhaltsamer Sprung in die Vergangenheit

Eins vorneweg: Sovereign Hill ist unter den Australiern eine beliebte Touristenattraktion. Leer ist es hier eigentlich nie. Doch abgesehen von den äußerst reisefreudigen Asiaten finden nur wenige internationale Touristen ihren Weg hierher. Dabei kommt die mehrmalige Auszeichnung als „Australia's Best Major Tourist Attraction" nicht von irgendwo her.

Der Besucher von Sovereign Hill reist zurück in das Jahrzehnt nach den ersten Goldfunden 1851. Auf dem 64 Hektar großen, nachgebauten Gelände wurde tatsächlich einst nach Gold gesucht. Ebenso historisch sind viele Details der Ausstellung wie Equipment und Kleidung. Erlebte Geschichte kann schnell in Kitsch abstürzen; das Gefühl hat man auf dem Sovereign Hill aber nicht. Allein die vielen Statisten bewegen sich in ihrer historischen Kleidung und Attitüde wie selbstverständlich in der Szenerie.

Auch die Häuser und Geschäfte entlang der staubigen Straßen sind detailverliebt nachgestellt. So kann der Besucher einem Schmied, Bäcker, Kerzenzieher oder auch einem Schmuckmacher bei der Arbeit zuschauen und sogleich ein passendes Souvenir kaufen. Wer vom ganzen Schlendern allmählich müde Füße bekommt, entdeckt bei einer Kutschfahrt das Gelände oder wirft auf einer historischen Kegelbahn alle neune um.

Kegeln wie im 19. Jahrhundert

Auf der Suche nach Gold

Darüber hinaus finden zu festen Uhrzeiten verschiedene Vorführungen statt, z. B. das Marschieren der Redcoat Soldiers und das Schmelzen bzw. Gießen von Gold. Weiter geht es mit einer Minentour, um einen Eindruck von den damaligen Arbeitsbedingungen zu bekommen. Oder man sucht lieber selbst im Bachlauf um die Ecke mit Goldpfannen nach dem Edelmetall. Für den Besuch von Sovereign Hill sollte also mindestens ein halber, wenn nicht sogar ganzer Tag eingeplant werden. Nicht nur, um den üppigen Eintrittspreis auszureizen, sondern um genügend Zeit für die vielen Attraktionen zu haben.

Wer am Ende des Tages noch etwas Zeit übrig hat, kann mit dem gleichen Ticket das gegenüberliegende Gold Museum erkunden oder sich gegen Aufpreis die allabendliche Sound- und Lichtshow „Blood on the Southern Cross" anschauen, welche die Rebellion der Goldsucher gegen die Mineninhaber im Jahre 1854 aufgreift.

Statisten sorgen für eine authentische Atmosphäre.

Historische Einblicke in eine Kerzenzieherei

Info

Lage: Bradshaw St, Ballarat VIC 3350. Ca. 85 km nördlich von Geelong, 116 km westlich von Melbourne.

Anfahrt: Über den Western Fwy bzw. Hwy/M8 bzw. Midland Hwy/A300 Richtung Stadtzentrum Ballarat. Dort der Ausschilderung folgen.

Öffnungszeiten: Täglich außer 25.12., 10-17 Uhr, im Sommer bis 17:30 Uhr.

Eintritt: 55,50 AUD Erwachsene, 25 AUD Kinder ab 5 Jahre. Zzgl. Kosten für einzelne Attraktionen, z. B. Kutschfahrt 4-5,50 AUD oder Gold Mine Tour 4-7,50 AUD.

Touristeninformation: Visitor Information Centre, 225 Sturt St, Ballarat VIC 3350.

Website: www.sovereignhill.com.au

23. Chinese Precinct: Von Einwanderern aus Fernost in Bendigo

Zwischen 1850 und 1900 gehörten die Goldfelder rund um Bendigo zu den ertragreichsten weltweit. Von der Aussicht auf schnelle Reichtümer ließen sich auch unzählige Chinesen anlocken. In Scharen strömten sie in die Stadt und brachten ihre Traditionen und Bräuche mit. Der Chinese Precinct spiegelt diese eindrucksvoll wider.

Ende der 1850er-Jahre lebten in Bendigo rund 1200 chinesische Goldgräber, was 20 Prozent der damaligen Bevölkerung entspricht. Dabei waren ihre Lebensumstände nicht die besten: Ausgegrenzt von den anderen Goldgräbern mussten sie z. B. höhere Steuern und Lizenzgebühren zahlen. Doch sie blieben und prägten so die Gesellschaft Australiens entscheidend mit, was sich sehr deutlich an den Chinatowns in jeder größeren Stadt zeigt.

Die chinesischen Gärten sind eine Erbe der Goldgräber.

Im farbenfrohen Golden Dragon Museum

In Bendigo spielte sich das fernöstliche Leben im Dai Gum San Chinese Precinct (Dai Gum San = Big Gold Mountain) nahe des Stadtzentrums ab. Heute wandelt der Besucher hier auf den Spuren der chinesischen Siedler. Vom Dai Gum-Vorplatz gehen die Yi Yuan-Gärten ab, eine Oase der Ruhe samt Lotusblüten-Teich, kleinen Brücken und kunstvollen Wandmalereien, angelehnt an die Gartenanlage des Kaiserpalastes in Peking. Direkt daneben befindet sich der buddhistische Kuan Yin-Tempel.

Im Mittelpunkt der Anlage steht allerdings das Golden Dragon Museum. Wer durch die große hölzerne Tür schreitet, wird zunächst von der Fülle an Ausstellungsstücken und deren Farbgewalt erschlagen. Mit den eher spärlich bestückten Museen hierzulande hat diese Ausstellung kaum etwas gemein. Geschnitzte Möbel, Prozessionsornate und mit goldenen Garn bestickte Kostüme – so manchem Besucher mag hierbei das Wort Ramsch über die Lippen gehen, andere hingegen staunen voller Ehrfurcht über die ausgestellten Kulturgüter.

Ein Ort der Ruhe inmitten der drittgrößten Stadt Victorias

Ins Staunen gerät der Betrachter sicherlich beim Anblick der beiden kaiserlichen „Paraden-Drachen" Old Loong (der älteste Drache der Welt) und Sun Loong (der längste Drache der Welt). Old Loong wurde 1892 aus China nach Bendigo verschifft, um die Einwohner der Stadt bei einer Wohltätigkeitsparade zu beeindrucken und sie gegenüber den unwillkommenen Einwanderern milde zu stimmen. Der Plan ging auf. Noch heute führt ein Drache, mittlerweile Sun Loong, die überregional berühmte und farbenfrohe Osterparade in Bendigo an. Sun Loong benötigt übrigens mehr als 50 Tragende – eine erschöpfende, aber ehrenvolle Aufgabe. Das chinesische Erbe in Bendigo ist präsenter denn je, auch bei anderen Events wie dem Chinese Harvest Moon Festival im Frühjahr.

Info

Lage: Dai Gum San Chinese Precinct, 1-11 Bridge St, Bendigo VIC 3550. Ca. 155 km nordwestlich von Melbourne.

Anfahrt: Über Calder Hwy/M79 Richtung Bendigo. Im Stadtzentrum Midland Hwy/A300 bis Bridge St folgen.

Öffnungszeiten: Di-So, 9:30-17 Uhr.

Eintritt: 11 AUD Erwachsene, 6 AUD Kinder ab 5 Jahre.

Touristeninformation: Visitor Information Centre, 51-67 Pall Mall, Bendigo VIC 3550.

Website: www.goldendragonmuseum.org, www.bendigotourism.com

24. Kryal Castle: Ritterspektakel am anderen Ende der Welt

Ritter und Burgen gehören wohl zu den letzten Dingen, die einen in den Kopf schießen, wenn man an Australien denkt. Ein Besuch im Kryal Castle – dem einzigen mittelalterlichen Schloss Down Unders – lohnt sich also allein schon wegen der paradoxen Tatsache, dass der Kontinent nie diese Epoche durchlaufen hat.

Nur wenige Kilometer außerhalb von Ballarat erblickt der Urlauber urplötzlich eine auf einem Hügel thronende, beachtliche Burg. Der rund 500-jährige Zeitsprung ist Keith Ryall zu verdanken, der das Schloss in den 1970er-Jahren erbaute, um seine Leidenschaft für das Mittelalter mit anderen zu teilen. Heute ist die Burg Vergnügungspark, Spielplatz und interaktives Museum in einem. Tollkühne Ritter treffen auf holde Prinzessinnen, weise Zauberer auf feuerspeiende Drachen. Und mittendrin herumtollende Kinder, die vor Aufregung nicht wissen, wohin als Nächstes. Das Gelände ist überschaubar und gut aufgeteilt – sämtliche Spektakel lassen sich also mühelos innerhalb weniger Stunden erleben. Wer länger bleiben möchte, kann in einer der Burgsuiten übernachten.

Down Under im mittelalterlichen Gewand

Die Zusammenstellung der einzelnen Attraktionen ist zugegeben etwas willkürlich und mitunter historisch nicht ganz korrekt. So wird z. B. der Eingang hinauf in den Folterturm von Michelangelos David verziert. Auch vor den Special Effects braucht sich keiner zu fürchten. Wenn aus dem Mund des Drachen plötzlich Rauch schießt oder die abgetrennte Hand auf der Folterbank wild zittert, schmunzelt der Betrachter eher als dass er zurückschreckt. Doch etwaige Ungenauigkeiten oder amateurhaft anmutende Tricks sind angesichts der passionierten Darstellung schnell verziehen.

So bieten die zu festen Programmzeiten stattfindenden Ritterdisziplinen wie Tjosten ein spannendes Spektakel für die Zuschauer. Im Anschluss können sich die Kinder selbst im Reiten, Schwertkampf oder Bogenschießen ausprobieren, während die Erwachsenen in den umliegenden Shops Süßigkeiten, Andenken oder selbst Gebrautes kaufen. Darüber hinaus sind weitere Aktivitäten (z. T. gegen Gebühr) möglich, u. a. Theateraufführungen, das Mixen von Zaubertränken oder das Schreiben mit Feder und Tinte.

Die Kleinen üben sich im Tjosten ...

... während die Großen König Artus spielen.

Souvenirs gibt es natürlich auch.

Tjosten in voller Rüstung

Kryal Castle ist ein wunderbarer Abstecher, an dem vor allem Kinder ihren Spaß haben. Wer ohne Nachwuchs unterwegs ist, könnte angesichts der doch happigen Preise vom gebotenen Programm enttäuscht sein. In diesem Fall kommen vielleicht eher die außerhalb der regulären Öffnungszeiten stattfindenden Special Events in Betracht – wie der „Cursed Zombie Outbreak".

Die Ritter der Tafelrunde tagten auch in Victoria.

Mageres Empfangskomitee

Info

Lage: 121 Forbes Rd, Leigh Creek, Ballarat VIC 3352. Ca. 13 km östlich von Ballarat, 110 km nordwestlich von Melbourne.

Anfahrt: Über Western Fwy/M8 Richtung Ballarat. Wenige Kilometer außerhalb der Stadt Abzweig auf Forbes Rd.

Öffnungszeiten: Nur am Wochenende, in den Ferien und an Feiertagen, außer 25.12., 10-16 Uhr.

Eintritt: 35 AUD Erwachsene, 22 AUD Kinder ab 4 Jahre. Unterkunft ab 130 AUD/Nacht.

Touristeninformation: Visitor Information Centre, 225 Sturt St, Ballarat VIC 3350.

Website: www.kryalcastle.com.au

The Murray

25. Camping am und auf dem Murray: Urlaub auf Australisch
26. Murray-Darling River Junction: Aus zwei Strömen entspringt ein Fluss
27. Mungo National Park: „Geburtsstätte" der Aborigines
28. Pioneer Settlement: Nacherlebte Siedlerhistorie im australischen Busch
29. Historic Port of Echuca: Hochburg der Raddampfer
30. Kyabram Fauna Park: Down Unders Tierwelt zum Anfassen

Gemächlich schlängelt sich der Murray an der Kleinstadt Red Cliffs nahe Mildura vorbei.

New South Wales
27. Mungo National Park
26. Murray-Darling River Junction
Mildura
Murray
25. Camping am Murray
28. Pioneer Settlement
Swan Hill
Murray
Echuca/Moama
29. Historic Port of Echuca
Albury/Wodonga
30. Kyabram Fauna Park
Victoria
Bendigo
Ballarat
Melbourne
Geelong

25. Camping am und auf dem Murray: Urlaub auf Australisch

Der „Mighty Murray" ist mit 2508 Kilometern der längste und wasserreichste Fluss Down Unders. Mark Twain nannte ihn einst den Mississippi Australiens. Auf rund 1800 Kilometer Länge trennt er Victoria von New South Wales. Gerade die „outbacknahen" Einwohner im Nordwesten des Bundesstaates schätzen die Flussikone als idyllisches Erholungsgebiet.

Gerade einmal 200 Meter misst der Murray an der breitesten Stelle. Zu Dürrezeiten führt er nur einen Bruchteil seines Wassers. Doch es sind die großartigen River Red Gum Trees, die leuchtend roten Klippen, das seichte Dahinfließen und die vielen Windungen im Flussverlauf, die den Murray so malerisch machen. An seinen Ufern liegen unzählige Naturparks und geschichtsträchtige Städte. Wer den Murray entdeckt, sei es per Boot, Auto, Rad oder gar wandernd, lernt eine der abwechslungsreichsten und zugleich ausdrucksstärksten Landschaften Australiens kennen. Hier begibt man sich unter lebensfrohe, outdoorbegeisterte Einheimische, für die Camping nicht selten die Idealvorstellung von Erholung ist.

Im Sommer wird der Murray zum Freibad.

Am gesamten Fluss verstreut liegen größere und kleinere Orte, die allesamt eine wunderbare Ausgangsbasis für den Campingtrip sind. Alternativ sucht man sich ein einsames Plätzchen irgendwo im Nirgendwo. Möchte man den Fluss hingegen von Wasser aus erkunden, bietet sich die Miete eines Hausbootes an. Ein Bootsführerschein wird dafür nicht benötigt. Und da der Murray kein Transportweg mehr ist und wenn überhaupt nur in den größeren Städten dichter befahren wird, hat man den Fluss meist für sich. Egal, für welche Art des Campings sich der Besucher entscheidet – zwei, drei Tage am Murray und er ist tiefenentspannt.

Ein idyllischer Platz zum Campen ist schnell gefunden.

Das Abendessen ist gesichert - es gibt Barsch.

Das hiesige Freizeitangebot ist groß: Angeln gehört wohl zu den größten Hobbys eines Australiers. Besonders begehrt ist der Murray Cod (Dorsch) oder Golden Perch (Buntbarsch). Oft landet jedoch Carp (Karpfen) am Haken. Da letzterer eine eingeschleppte Plage ist, darf man diesen nicht zurück ins Wasser werfen. Eine Angellizenz kann unkompliziert vor Ort gekauft werden, allerdings muss diese für NSW gültig sein, denn offiziell gehört der Fluss zum Nachbarstaat. Weitere Vergnügungen zu Wasser sind Schwimmen, Paddeln, Jetski oder Wasserski fahren. An Land lässt es sich gut reiten, golfen oder wandern. Das Angebot lässt keinen Wunsch übrig, wie man sieht.

Info

Lage: Entlang der Grenze von NSW/VIC: Ausgehend vom Alpine bzw. Kosciuszko National Park über Albury/Wodonga bis nach Mildura.

Mögliche Ausgangsbasis:

- Mildura: Über Calder Hwy/A79. Ca. 540 km nordwestlich von Melbourne.
- Swan Hill: Über Calder Hwy/A79, Loddon Valley Hwy/B260 und Murray Valley Hwy/B400. Ca. 340 km nördlich von Melbourne.
- Echuca/Moama: Über C325 und Northern Hwy/B75. Ca. 220 km nördlich von Melbourne.
- Albury/Wodonga: Über Hume Fwy/M31. Ca. 325 km nordöstlich von Melbourne.

Mögliche Aktivitäten: Camping, Wandern, Reiten, Golfen, Wassersport, Rad fahren, Sightseeing, Fischen, Seele baumeln lassen.

Website: www.murrayriver.com.au, www.visitthemurray.com.au

26. Murray-Darling River Junction: Aus zwei Strömen entspringt ein Fluss

Wenn die Wassermassen der zwei längsten Ströme Australiens bei Wentworth aufeinander treffen, ergibt das ein hübsches Schauspiel für den Betrachter. Zugegeben – der Aussichtspunkt befindet sich auf der Seite des Murray, die zu New South Wales gehört. Doch die Anfahrt erfolgt über das nahe Mildura, und das wiederum liegt in Victoria.

Ausblick vom Aussichtsturm auf den Zusammenfluss

Das Hineinfließen des Darling River in den Murray ist nicht unbedingt ein Naturspektakel, das einem die Sprache verschlägt. Was den Ort jedoch so einmalig macht, ist die Färbung beider Flüsse. Während der Murray bläulich-grün schimmert, ist die Farbe des Darling River durch seinen tonigen Untergrund eher milchig-braun. Auf diese Weise kann der Besucher ganz genau erkennen, wo beide Wassermassen ineinander übergehen und sich allmählich vermischen.

Besonders gut lässt sich das Naturschauspiel vom Junction Park betrachten, der direkt am Wasser liegt und bei den Einheimischen ein beliebter Ausflugsort ist. Neben schattenspendenden Eukalyptusbäumen, Picknicktischen, einem Spielplatz sowie öffentlichen Toiletten hat der Park auch einen Aussichtsturm, der über wenige Stufen zu erklimmen ist. Aus „luftiger Höhe" kann der Besucher das flüssige Aufeinandertreffen noch besser bestaunen und mit der Kamera festhalten.

Der Zusammenfluss lässt sich allerdings auch aus nächster Nähe erleben. Über eine Brücke weiter abseits vom Park gelangt der Besucher auf Junction Island, eine Sandbank inmitten der beiden Flüsse. Von hier verläuft ein schmaler Wanderpfad direkt zur Inselspitze mit einer kleinen Aussichtsplattform. Rechts fließt der Darling, links der Murray – gerade im Sonnenuntergang eine atemberaubende Szenerie. Immerhin schaut man hier auf eines der längsten Flusssysteme der Welt.

Info

Lage:

- Junction Park: Cadell St, Wentworth NSW 2648.
- Junction Island: Ski Reserve Rd, Wentworth NSW 2648.

Ca. 30 km nordwestlich von Mildura, 575 km nordwestlich von Melbourne.

Anfahrt:

- Junction Park: Über Calder Hwy/A79 und Silver City Hwy/B79 Richtung Wentworth. Dort Ausschilderung folgen.
- Junction Island: Über Calder Hwy/A79 und Silver City Hwy/B79 Richtung Wentworth. Noch vor Wentworth Abzweig auf Hospital Rd, dann Ski Reserve Rd bis zum Ende fahren.

Öffnungszeiten: Immer.

Eintritt: Kostenfrei.

Touristeninformation:

- Visitor Information Centre, 180-190 Deakin Ave, Mildura VIC 3500.
- Visitor Information Centre, 66 Darling St, Wentworth NSW 2648.

Website: www.murrayriver.com.au, www.visitwentworth.com.au, www.visitmildura.com.au, www.visitthemurray.com.au

27. Mungo National Park: „Geburtsstätte" der Aborigines

In Australien gibt es jene spirituellen Orte, die nicht von dieser Welt zu sein scheinen. Der Mungo National Park inmitten der Willandra Lakes gehört ohne Zweifel in diese Kategorie. Den Titel als Weltkultur- und -naturerbe verdankt die Region zahlreichen fossilen Funden und der faszinierend unwirklichen Erscheinung.

Genau genommen liegt der Mungo National Park in New South Wales. Doch wer nicht gerade nach Broken Hill fährt, kommt hier nicht mal eben schnell vorbei. Stattdessen ist Mildura, der nordwestliche Zipfel Victorias, das leichter erreichbare Einfallstor. Dass hier dennoch kaum Andrang herrscht, ist wohl der extrem abgeschiedenen Lage zu verdanken. Dabei ist der Nationalpark von immenser historischer und kultureller Bedeutung. Die hiesigen Funde von Mungo Lady und Mungo Man Ende der 1960er-Jahre waren eine Sensation, bewiesen sie doch, dass die indigene Besiedlung mit 40.000 bis 60.000 Jahren weitaus länger als angenommen zurückreicht. Ganze Geschichtsbücher mussten in der Folge umgeschrieben werden.

Walls of China

Als sei man mitten in der Wüste ...

Den Reisenden zieht heute vor allem die surreale Landschaft in den Bann. Vom Besucherzentrum führt ein 70 Kilometer langer unbefestigter, mit 2WD befahrbarer Rundweg durch den Park. Zu dessen Höhepunkten zählen die Walls of China – aus Ton- und Quarzpartikel geformte Lehmdünen, die sich über 30 Kilometer entlang der Uferlinie des einstigen Mungo Lake erstrecken und dem Besucher das Gefühl geben, er sei auf dem Mond. Der Rundweg zieht vorbei an weiteren Attraktionen wie den Wandersanddünen rund um Vigars Well, auf denen sich allzu oft Emuspuren erspähen lassen. Vom höher gelegenen Mungo Lookout schweift der Blick schließlich hinaus in die unglaubliche Weite und den endlosen Himmel dieser prähistorischen Landschaft aus Dünen, Gras- und Buschland sowie dem so markanten roten Sand des Outback.

Der Besucher ist von der Szenerie so gefesselt, dass er sich nur schwer von ihr losreißen kann. Wer daher länger bleiben mag, kann in einfachen Bush Camps mit Komposttoilette oder aber in einer Lodge mit fließend Wasser übernachten. So ist man zugleich live dabei bei einem weiteren Höhepunkt, nämlich wenn zur Dämmerung die erodierten Türme der Walls of China in den knalligsten Gelb-, Rot- und Pinktönen leuchten.

Möchte man den Park nicht nur auf den ausgewiesenen Wegen entdecken, sondern z. B. hinter die Kulissen der Walls of China blicken, lohnt sich die Teilnahme an einer von Eingeborenen geführten Tour. Auf diese Weise erhält man eine wunderbare Mischung aus wissenschaftlichen Fakten und Traumzeit-Geschichten, die im Mungo National Park Hand in Hand gehen.

Hier war einst eine riesige Seenlandschaft.

Bezaubernde Lichtverhältnisse zur Dämmerung

Info

Lage: Mungo National Park, Arumpo NSW 2715. Ca. 115 km nordöstlich von Mildura, 655 km nordwestlich von Melbourne.

Anfahrt: Über Calder Hwy/A79 Richtung Mildura, dort Abzweig auf unbefestigte Arumpo Rd.

Öffnungszeiten: Park & Besucherzentrum: Immer. Parkpersonal ist i. d. R. Mo-Fr 8:30-16 Uhr vor Ort.

Eintritt: 8 AUD pro Fahrzeug. Übernachtung ab 5 AUD/Nacht.

Touren: Aboriginal Discovery Tours: ab 50 AUD Erwachsene (Halbtagestour vor Ort).

Touristeninformation: Visitor Information Centre, 180-190 Deakin Ave, Mildura VIC 3500.

Website: www.visitmungo.com.au, www.nationalparks.nsw.gov.au

28. Pioneer Settlement: Nacherlebte Siedlerhistorie im australischen Busch

Neben den stark beworbenen Konkurrenten Sovereign Hill und Echuca zieht das Erlebnisdorf Pioneer Settlement in Swan Hill bisher kaum Aufmerksamkeit auf sich. Dabei ist die frühe Geschichte Australiens hier ebenso lebendig dargestellt, wenngleich mit etwas weniger Pomp.

Wo einst hart arbeitende Pioniere versuchten, ein Leben im rauen Busch aufzubauen, lustwandelt der Besucher heute durch nachgebaute, aber wirklichkeitsnahe Straßenzüge. Im Unterschied zu Sovereign Hill (siehe Tipp 22) ist das Gelände zwar deutlich kleiner, doch bekommt man hier einen ebenso bilderreichen Eindruck der Jahre zwischen 1830 und 1930.

Unterwegs auf staubigen Straßen in Swan Hill

Lebensmittelgeschäft von damals

Nicht reiche Goldfunde, sondern Land- und Viehwirtschaft prägen seit jeher den Alltag am Murray. Unter den mehr als 20.000 Artefakten befinden sich demzufolge viele historische Farmgeräte und Traktoren. Auch einige Häuser sind Originale. So zog z. B. ein typisch australisches Familienhaus einer nahen Farm in die Siedlung um und ziert nun neben dem Gerichtshaus, der Post und Apotheke die staubigen Straßen. Infotafeln erzählen die Geschichten hinter jenen alten Wänden. In anderen Geschäften wie dem General Store plaudern hingegen Statisten

Der Raddampfer PS Pyap

aus dem historischen Nähkästchen. Ebenso unterhaltsam sind die im Ticketpreis enthaltenen Fahrten mit der Kutsche oder einem 1920er-Dodge-Oldtimer.

Aufgrund des überschaubaren Andrangs kann der Besucher den hiesigen Schmieden, Bäckern & Co. nicht nur über die Schulter schauen, sondern auch selbst Hand anlegen. So lässt sich z. B. im Steam Workshop im wörtlichen Sinne einmal richtig Dampf ablassen. Zu den weiteren Highlights gehört das Kaiser Stereoscopic Theatre, der Vorläufer des Kinos und eines der wenigen noch funktionierenden weltweit. Abgerundet wird der Besuch durch eine Fahrt mit dem Raddampfer PS Pyap. Schließlich war der Murray einst wichtiger Transportweg in Victoria. Auf dem Trockendeck steht zudem die PS Gem, auch Queen of the Murray genannt, und genießt die Wohltaten einer Restaurierung.

Historische Walze

Rushhour in alten Zeiten

Ein pompöses Spektakel hat das Pioneer Settlement allerdings doch: Die allabendliche, mehrfach prämierte Heartbeat of the Murray-Lasershow lässt den Zuschauer mittels Musik, Lichteffekte und Wasserfontänen wahrhaftig in der zauberhaften Kulisse des Murray River versinken.

Info

Lage: 1 Monash Drive, Swan Hill VIC 3585. Ca. 340 km nördlich von Melbourne.

Anfahrt: Über Calder Hwy/A79, Loddon Valley Hwy/B260 oder Murray Valley Hwy/B400 Richtung Swan Hill. Dort der Ausschilderung folgen.

Öffnungszeiten: Täglich außer 25.-26.12., 9:30-16.30 Uhr, letzter Eintritt 16 Uhr.

Eintritt: 30 AUD Erwachsene, 22 AUD Kinder ab 5 Jahre. Tickets sind für 2 Tage gültig! Zubuchbare Aktivitäten: Pyap River Cruise 16-23,50 AUD, Heartbeat of the Murray-Lasershow 20,50-28 AUD. Kombitickets erhältlich.

Touristeninformation: Region Information Centre, Cnr Curlewis St & McCrae St, Swan Hill VIC 3585.

Website: www.pioneersettlement.com.au, www.visitswanhill.com.au

29. Historic Port of Echuca: Hochburg der Raddampfer

Die Doppelstadt Echuca/Moama am Murray River war einst Australiens größter Inlandshafen und nach Melbourne der zweitgrößte Port in Victoria. Zwar sind die glorreichen Zeiten längst vorbei, doch der historische Hafenkomplex zeugt noch immer von den ruhmvollen Tagen auf dem längsten Fluss Down Unders.

Der Eingang zum Hafenviertel

Wer einen bildgewaltigen Eindruck des einst geschäftigen Hafens erhalten möchte, schlendert zunächst die Murray Esplanade im Port Precinct Echucas entlang. Früher Zentrum des Geschehens geht es hier heute deutlich ruhiger zu. So lässt es sich im Star Hotel von 1864 noch immer lecker schlemmen und der „Woodturner" im Geschäft gegenüber fertigt eindrucksvolle Dinge aus Holz, die man sogleich kaufen möchte, wären sie nur nicht so unhandlich für das Gepäck.

Durch das Discovery Centre gelangt der Besucher in das eigentliche Hafenareal, das zu einem Outdoor-Museum umfunktioniert wurde. Zu sehen sind u. a. Nachbauten einer großen Lagerhalle sowie eine Bahnstation samt Güterwagons, in denen die Waren damals weiter nach Melbourne oder Adelaide transportiert wurden. Ausgestellte Flusskarten, Dampfmaschinen, Steuerruder, Lastenkräne und Sägeanlagen dekorieren die Anlage und stehen für sämtliche Wirtschaftszweige, die der Murray einst belebte.

Der schönste Dampfer der Flotte: die PS Emmylou

Blick auf den dreigeschossigen, hölzernen Anleger

Nichts verbildlicht den boomenden Handel zwischen 1850 und 1920 besser als die legendären Raddampfer. Die Echuca-Flotte gehörte zu den größten weltweit – und noch heute sind viele der über hundert Jahre alten Boote in Betrieb, wenngleich sie ausschließlich Touristen und nicht mehr Getreide, Wolle, Holz oder Schafe transportieren. Zu den fotogensten Flagschiffen gehört ohne Frage die PS Emmylou. Wer auf ihr oder einem der anderen Dampfer den gewundenen Fluss entlang schippert, fühlt sich angesichts des ratternden Bootes, der engen Kabinen und des qualmenden Schornsteins in frühere Zeiten zurückversetzt.

Das Highlight jedoch ist der Anblick des langen Piers, dessen prachtvolle Holzkonstruktion sich erst vom Wasser aus richtig offenbart. Ganz aus River Red Gum Trees gebaut, umfasst die Hafenanlage drei Etagen, um den bis zu 10 Meter schwankenden Wasserpegel des Murray auszugleichen. Dabei fällt der heutige Nachbau des Piers mit 75,5 Meter deutlich kürzer aus als die einstigen 332 Meter. Schließlich mussten zu Hochzeiten bis zu 200 Dampfer pro Woche ent- und beladen werden.

Hier herrschte einst reger Raddampfer-Verkehr.

Heute ist der Trubel von damals kaum vorstellbar. Statt Raddampfer sind nun vor allem Hausboote und Jetskis auf dem Murray unterwegs. Doch den Titel „The Murray's Living Legend" trägt Echuca/Moama völlig zurecht.

Info

Lage: 74 Murray Esplanade, Echuca VIC 3564. Ca. 220 km nördlich von Melbourne.

Anfahrt: Über C325 und Northern Hwy/B75 Richtung Echuca. Dort der Ausschilderung folgen.

Öffnungszeiten: Täglich außer 25.12., 9-17 Uhr.

Eintritt: 14 AUD Erwachsene, 8 AUD Kinder ab 4 Jahre; inkl. Raddampfertour 36,50 AUD Erwachsene, 18 AUD Kinder.

Touristeninformation: Visitor Information Centre, 2 Heygarth St, Echuca VIC 3564.

Website: www.portofechuca.org.au, www.echucamoama.com

30. Kyabram Fauna Park: Down Unders Tierwelt zum Anfassen

Zu den Höhepunkten eines Australien-Besuches gehören die tierischen Bewohner des Kontinents. Nicht immer hat man jedoch das Glück, diese in freier Wildbahn zu erleben. Abhilfe verschafft der Kyabram Fauna Park, in dem man Koalas, Kängurus & Co. ganz nahe kommt.

Im Unterschied zu den klassischen Zoos handelt es sich beim Kyabram Fauna Park wohl eher um einen Tierpark. Zugegeben, der Eintritt ist für die Lage und Größe durchaus happig. Allerdings wird der Park auf nicht-kommerzieller Basis von der Gemeinde betrieben. Die Ticketgelder fließen damit direkt in dessen Erhalt und Ausbau.

Schlange stehen muss man hier nicht.

1976 mit zwei Kängurus und einem Emu ins Leben gerufen, beherbergt der Fauna Park heute auf 55 Hektar den zweitgrößten Bestand australischer Fauna in Victoria. Statt Nilpferd, Affe und Löwe bekommt der Besucher hier mehr als 600 einheimische Tierarten zu Gesicht: Kängurus, Emus, Wombats, Koalas, Dingos, Echidnas, Krokodile, Schlangen und sogar tasmanische Teufel; von den unzähligen australischen Vögeln wie Lorikeets und Kookaburras einmal abgesehen.

Kängurus und Emus laufen frei im Park umher.

Viele der Tiere lassen sich aus unmittelbarer Nähe betrachten. Weder hohe Mauern noch Gitter versperren die Sicht. So laufen z. B. Kängurus und Emus im Park frei herum, haben jedoch ebenso ausgewiesene Rückzugsflächen. Auch die Koalas sind nicht etwa durch eine Scheibe getrennt vom Besucher, sondern können unverspiegelt über einen kleinen Zaun angehimmelt werden. Ebenso zugänglich sind die vielen Volieren. Aber Vorsicht: So mancher Papagei ist neugierig, was sich wohl in der Besucher-Tasche versteckt.

Allein durch die Nähe zu den Tieren lassen sich hier unzählige Stunden verbringen. Zudem sorgen viele Bäume für ausreichend Schatten auch bei praller Mittagssonne; es gibt idyllische Picknickmöglichkeiten sowie ein Café. Aufgrund der abgelegenen Lage im Norden Victorias hält sich der Besucherandrang zudem sehr in Grenzen. Hier herrscht kein Drängen und Schieben, um als Nächster das Tier zu erspähen.

Lunch Break für den Wombat

Was das Erlebnis ein wenig trübt, sind zum Teil veraltete und zu kleine Gehege. Dazu gehört z. B. das Terrarium für Krokodil Getcha. Hier fehlen offensichtlich die nötigen Gelder, nicht aber der Enthusiasmus. Der Kyabram Fauna Park ist kein auf Hochglanz polierter Zoo, sondern bewusst einfach gehalten. Dem Besucher wird das Gefühl vermittelt, als sähe er das Tier tatsächlich in freier Wildbahn. Und dass sich die tierischen Bewohner stets wohl fühlen, dafür sorgen u. a. Spendenaktionen. So wurde mittlerweile genug Geld gesammelt, um Getcha ein neues Zuhause zu bauen.

Schlafend wie eh und je

Viel niedlicher als der Name vermuten lässt – Tasmanischer Teufel.

Info

Lage: 75 Lake Rd, Kyabram VIC 3620. Ca. 40 km östlich von Echuca bzw. westlich von Shepparton, 210 km nördlich von Melbourne.

Anfahrt: Über McKenzie/Graham/Lancaster Rd/C351 Richtung Kyabram. Dort der Ausschilderung folgen.

Öffnungszeiten: Täglich außer 25.12. und Karfreitag, 9:30-17:30 Uhr.

Eintritt: 20 AUD Erwachsene, 10 AUD Kinder ab 5 Jahre.

Touristeninformation:

- Visitor Information Centre, 2 Heygarth St, Echuca VIC 3564.
- Visitor Information Centre, 33-35 Nixon St, Shepparton VIC 3630.

Website: www.kyabramfaunapark.com.au

Mallee & Wimmera

31. Pine Plains: Sandige Rutschpartie im Wyperfeld National Park
32. Silo Art Trail: Australiens größte Outdoor-Galerie
33. Pink Lakes: Leuchtende Farbenspiele im Murray-Sunset National Park
34. Lake Tyrrell: Unwirklicher Spiegeleffekt mit Salzgeschmack
35. Mount Wycheproof: Auf dem größten kleinsten Berg der Welt

Der abgeschiedene Nordwesten Victorias ist seit jeher Farmland.

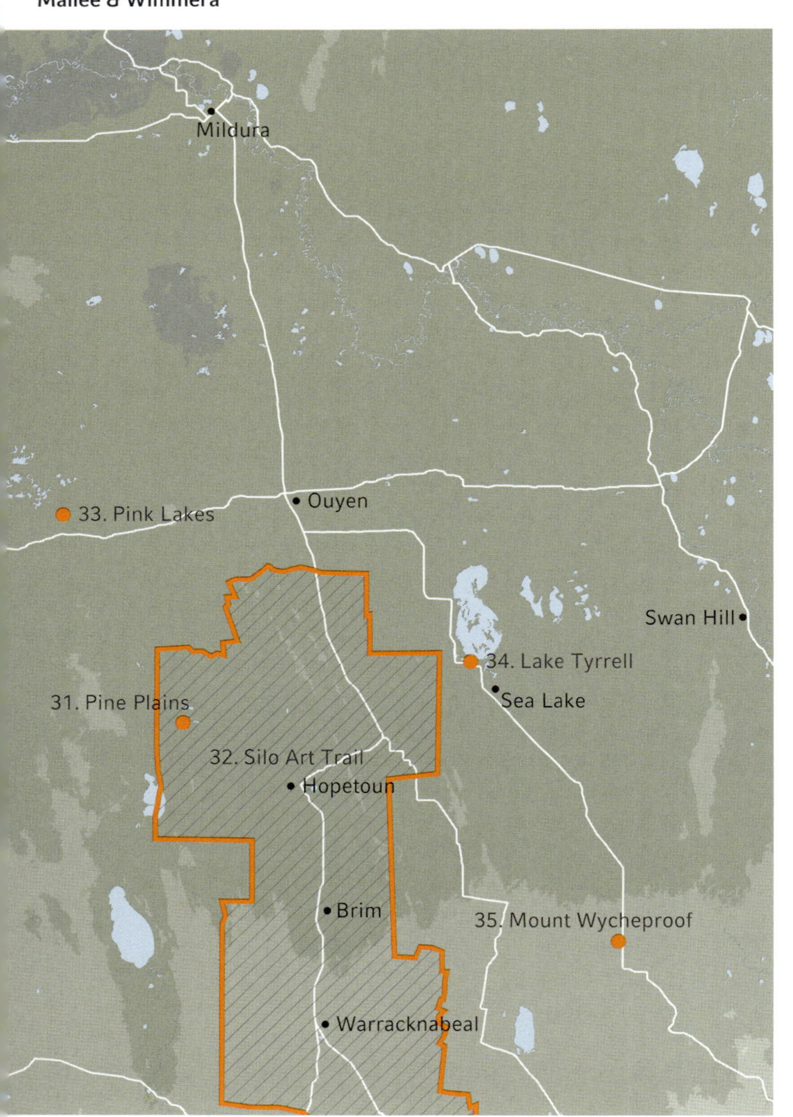
Mildura
Ouyen
33. Pink Lakes
Swan Hill
34. Lake Tyrrell
Sea Lake
31. Pine Plains
32. Silo Art Trail
Hopetoun
Brim
35. Mount Wycheproof
Warracknabeal

31. Pine Plains: Sandige Rutschpartie im Wyperfeld National Park

Der Wyperfeld National Park gehört mit über 350.000 Hektar zu den größten Nationalparks in Victoria und ist ein wahrer Abenteuerspielplatz für 4WD-Enthusiasten. Doch auch Besucher mit einem Zweiradwagen können ein Highlight des Parks erleben – die schneeweißen Wandersanddünen.

Die größte Sanddüne im Nationalpark trägt den passenden Namen Snowdrift. Wer ihre vielen Meter erklimmt, hat am nächsten Tag nicht nur ordentlich Muskelkater in den Waden, sondern genießt auch einen Panoramablick über einen der wohl trostlosesten Winkel Victorias. Tief verwurzelte Eukalyptusbäume, anspruchslose Sträucher und riesige Getreidefelder bestimmen die Landschaft. Doch so leblos diese erscheinen mag, so besonders ist sie zugleich. Denn nirgends sonst reicht der Blick so weit wie hier im tiefsten australischen Busch.

Neben der endlosen Aussicht bieten die Sanddünen des Wyperfeld National Park auch einen besonders hohen Spaßfaktor. Denn wer einmal oben ist, muss auch irgendwie wieder hinunter. Und das geht am besten rollend, rutschend oder surfend. Einziger Nachteil der Rutschpartie sind Sandkörner in jeder Pore des Körpers. Hat man zuvor Sonnencreme aufgetragen, klebt das Ganze besonders schön.

Erst der Aufstieg, dann das Rutschvergnügen!

Sanddüne am Mount Jenkins, umgeben von semiaridem Buschland

Neben Snowdrift liegen weitere, kleinere Dünen im Norden des Nationalparks verstreut. Sämtliche Straßen hier sind unbefestigt, lassen sich jedoch bei gutem Wetter weitestgehend mit einem 2WD befahren. Die schnellste Anreise zu den Sanddünen erfolgt über Underbool im Norden; allerdings ist dieser Zufahrtsweg nur mit einem Geländewagen machbar. Wer mit einem Zweiradwagen unterwegs ist, fährt östlich von Patchewollock kommend in den Park. Am Mount Jenkins laden sogleich die ersten Sanddünen zu einer Rutschpartie ein. Spielen die Wetterbedingungen mit und ist das Auto wenig anfällig, sind es von hier nur ein paar Kilometer bis zur Snowdrift-Sanddüne. Schilder weisen den Weg.

Der Rest des Parks ist Offroad-Gelände und sollte ausschließlich mit einem 4WD entdeckt werden. Denn Aussicht auf schnelle Bergung gibt es hier nicht. Auch ein Besuch im Hochsommer ist aufgrund extremer Hitze nicht wirklich empfehlenswert. Zudem reichen vertrocknete Gräser auf den Wegen meist so hoch, dass man als Fahrer eines tiefer liegenden Wagens aufpassen muss, keinen Buschbrand auszulösen.

Info

Lage: Wyperfeld National Park, Big Desert VIC 3490. Ca. 170 km südlich von Mildura, 450 km nordwestlich von Melbourne.

Anfahrt: Über Calder Hwy/A79 bzw. Sunraysia Highway/B220 und C248 Richtung Patchewollock (2WD). Über Mallee Highway/B12 Richtung Underbool (nur 4WD). Der Ausschilderung in den Park folgen, Augen offen halten nach Sanddünen.

Öffnungszeiten: Immer.

Eintritt: Kostenfrei.

Touristeninformation:

- Visitor Information Centre, 180-190 Deakin Ave, Mildura VIC 3500.
- Visitor Information Centre, 20 O'Callaghan Parade, Horsham VIC 3400.

Website: www.parkweb.vic.gov.au, www.malleehighway.com.au, www.iconic4wd.com.au

32. Silo Art Trail: Australiens größte Outdoor-Galerie

In einer der abgeschiedensten Gegenden Victorias entsteht derzeit die größte Outdoor-Galerie Australiens. Street Art-Künstler verschönern leerstehende Getreidesilos und sorgen so für farbenfrohe Lichtblicke inmitten einer krisengebeutelten Region.

Es war im Dezember 2015, als das 150 Einwohner „große" Städtchen Brim den Künstler Guido van Helten beauftragte, die ungenutzten Silos der Gemeinde aus ihrem Dornröschenschlaf zu erwecken. Anfang 2016

In leuchtenden Farben zieren vier Eingeborene die Silos von Sheep Hills.

zierten vier Einwohner-Porträts auf einer Fläche von 30 x 44 Meter die Getreidespeicher und ziehen seitdem tausende Besucher an. Das Silo Art Project war geboren! Mit Unterstützung staatlicher Fördergelder und in Kooperation mit einer Street Art Company aus Melbourne erkor man fünf weitere Silos in der Umgebung, die von jeweils einem anderen Künstler verziert werden. Es gibt nur eine Vorgabe: Die Porträts müssen von den Einwohnern und ihren Geschichten erzählen.

Die Städte der Wimmera/Mallee-Region befinden sich in einem Teufelskreis, wie man ihn auch hierzulande kennt: Die Jugend zieht es fort, die Farmer leiden unter wiederkehrenden Dürren, Geschäfte schließen,

Farmer-Impressionen in Patchewollock

die Infrastruktur leidet, die Isolation wächst. Und entlang der endlosen, leeren Highways stehen die für die Region so markanten Silos und versorgen seit jeher Victoria mit Getreide. Der Silo Art Trail soll den aussterbenden Gemeinden dank Aufsehen erregender Kunst nun wieder Leben einhauchen.

Fünf der sechs derzeit geplanten Silo Arts sind bereits fertig gestellt und lassen sich in Rupanyup, Sheep Hills, Brim, Lascelles und Patchewollock bestaunen, alles Städte mit nur wenigen hundert Einwohnern. Manche von ihnen zieren nun überlebensgroß die Silo-Leinwand. In Sheep Hills leuchten Mitglieder des örtlichen Aborigines-Stammes in den kräftigsten Farben, in Patchewollok verkörpert der Farmer Nick Hulland in zerschlissener Jeans und Karohemd das harte Leben auf dem Land. Und auf den Silos von Rupanyup demonstrieren zwei junge Netball- und Footy-Spieler, dass gerade Sport auf dem Land zusammenschweißt. Voraussichtlich Ende 2017 soll das vorerst letzte Silo Art Projekt in Rosebery abgeschlossen sein.

Sämtliche Standorte lassen sich bequem an einem oder mehreren Tagen abfahren. Dabei bekommt der Reisende nicht nur eindrucksvolle Kunst zu Gesicht, sondern erhält auch einen authentischen Einblick in das ländliche Australien fernab der Hochglanz-Broschüren. Der Silo Art Trail erzählt auf kreativste Weise vom Leben im australischen Hinterland, mit all seinen Facetten, von all den Krisen, aber auch all der Hoffnung.

Info

Lage: Verteilt im Yarriambiack Shire. Ca. 140 km südlich von Mildura, 300 km nordwestlich von Melbourne.

Sehenswerte Themenorte: Rupanyup, Sheep Hills, Brim, Rosebery, Lascelles, Patchewollock.

Länge/reine Fahrzeit: Ca. 185 km, rund 2 ½ Std.

Öffnungszeiten: Immer.

Eintritt: Kostenfrei. Helikopter- und Bustouren ab 99 AUD von den Grampians aus möglich. Touranbieter siehe www.visitvictoria.com

Touristeninformation: Visitor Information Centre, 119 Scott St, Warracknabeal VIC 3393.

Website: www.wimmeramalleetourism.com.au, www.siloarttrail.com. Deutlich mehr Infos auf der Facebook-Seite @siloarttrail.

33. Pink Lakes: Leuchtende Farbenspiele im Murray-Sunset National Park

Nirgendwo strahlt Victoria so prächtig wie im Nordwesten. Neben farbenfroher Sonnenuntergänge ist die Region besonders für ihre pink leuchtenden Salzseen bekannt. Am Rande des Murray-Sunset National Park lassen sich sogar vier auf einen Streich entdecken.

Es gibt nur wenige Gegenden in Victoria, die so einsam und verlassen sind wie der größte Nationalpark des Bundesstaates. Als einer der letzten semiariden Wildnisgebiete der Erde wird der Murray-Sunset National Park nicht umsonst als „Victorias own Outback" bezeichnet. Die Pink Lakes befinden sich an dessen südlichem Ende und sind gerade noch so über eine holprige, unbefestigte Straße mit einem Zweiradwagen erreichbar. Alles dahinter ist pures Offroad-Gelände.

Ein Rundweg verbindet Lake Crosbie, Lake Becking, Lake Hardy und Lake Kenyon miteinander. Infotafeln bzw. die ausliegende Parkbroschüre erklären, warum die Seen rosa leuchten. Verantwortlich für die Färbung sind darin lebende rote Algen. Besonders pink zeigt sich das Wasser bei bedecktem Himmel oder nach Regenfällen, wenn Nährstoffe die Algen zum Wachsen angeregt haben. Hat man hingegen „Pech" und

Bei bedecktem Himmel leuchtet das Pink besonders schön.

Blick auf den Lake Crosbie

die Sonne scheint, sieht der Besucher oft nur einen rosafarbenen Schimmer. Während sich die Seen im Winter mit Wasser füllen, verdunstet dieses im Sommer und hinterlässt eine pinke Salzkruste.

Jenes Salz wurde zwischen 1916 und 1979 kommerziell abgebaut. Es gab sogar eine Schule für die Kinder der Arbeiter. Kamele brachten das Salz zum nächsten Bahnhof. So zeugen im Outdoor-Salzmuseum direkt am Rundweg aufgetürmte Salzarten und Handwerksgeräte von den einstigen Salzminen. Heute sind die Seen allein ihrer Färbung wegen populär. An ihren Ufern lässt es sich ganz wunderbar wandern, entspannen und auch übernachten. Zwei Campgrounds vor Ort verfügen über Komposttoiletten und Picknick- bzw. Grillplätze, stellen aber kein Trinkwasser bereit.

Großes Gedränge herrscht hier nicht. Höchstwahrscheinlich ist man eher völlig allein unterwegs – mit Ausnahme der Emus, Kängurus, unzähligen Vögel und leider auch Fliegen vor Ort. Der Besuch der Pink Lakes lässt sich am schönsten bei einer atemberaubenden Open-Air-Kinovorstellung ausklingen – angefangen bei den Farbexplosionen der „Murray Sunsets“ bis hin zu den funkelnden Sternen der Milchstraße. Hier erlebt der Besucher ein sehr ursprüngliches und vor allem entschleunigendes Australien.

Im Sommer befindet sich auf den Seen oft nur eine salzige Kruste.

Der Name des Nationalparks kommt nicht von ungefähr.

Info

Lage: Pink Lakes Rd, Linga VIC 3509. Ca. 180 km südwestlich von Mildura, 510 km nordwestlich von Melbourne.

Anfahrt: Über Calder Hwy/A79 Richtung Ouyen, Abzweig auf Mallee Hwy/B12 Richtung Underbool. Bei Linga Abweig auf 13 km lange, unbefestigte Schotterstraße.

Öffnungszeiten: Immer.

Eintritt: Kostenfrei.

Touristeninformation: Visitor Information Centre, 180-190 Deakin Ave, Mildura VIC 3500.

Website: www.parks.vic.gov.au, www.malleehighway.com.au, www.iconic4wd.com.au

34. Lake Tyrrell: Unwirklicher Spiegeleffekt mit Salzgeschmack

Sea Lake gehört zu jenen entlegenen Orten Victorias, die selbst auf den Tourrouten der einheimischen Urlauber nicht verzeichnet sind. In der Stadt wird, wenn überhaupt, lediglich für Benzin oder Kaffee gehalten. Dabei hat Sea Lake ein Naturspektakel im Vorgarten, das sich allmählich den Weg in die Öffentlichkeit bahnt – Lake Tyrrell.

Der Name trügt: Weder lässt sich hier bei hochsommerlichen 40°C ein kühlendes Bad nehmen noch ein Fisch für das abendliche Campfeuer fangen. Lake Tyrrell ist einer der typischen Salzseen in der Region (siehe Tipp 33). Eine bescheidene Aufmerksamkeit bescherte ihm bis dato der Fakt, dass er mit 20.860 Hektar der größte Salzsee Victorias ist, an dem seit Jahren kommerziell Salz abgeschöpft wird. Zudem findet hier am Queen's-Birthday-Wochenende das alljährliche, landesweit bekannte Offroad-Rennen Mallee Rally statt.

Der See reflektiert den endlosen Horizont der Mallee.

Typisch für einen Salzsee – die pinke Färbung

Doch dann entdeckten vor einigen Jahren Reisende aus China den See und seine einmaligen Effekte. Für Faszination sorgten weniger die schimmernde Pinkfärbung des Sees, sondern die Reflexionen in seinem seichten Wasser. Die richtigen Licht- und Wetterverhältnisse vorausgesetzt, sind die Spiegelungen gerade bei Dämmerung und mit einigen Wolken am Himmel ein spektakulärer und paradiesischer Anblick für jeden Fotografen. Das als Skymirror bezeichnete Phänomen entfaltet allerdings erst nachts sein volles Potenzial. Kein Licht trübt hier draußen den Blick auf das funkelnde Himmelszelt; wohl nirgendwo sonst im dichtbevölkersten Bundesstaat Australiens strahlt der Milky Way so intensiv. Wenn der See den Himmel zwischen Sonnenunter- und Mondaufgang reflektiert, scheint der Sternengucker tatsächlich inmitten der Galaxie zu wandeln.

Die unzähligen Skymirror-Fotos gingen über private Reiseblogs und Social-Media-Kanäle um die Welt. Plötzlich steht Lake Tyrrell auf den To-do-Listen der Touristen, vor allem aus Fernost.

Die kleine Gemeinde Sea Lake traf der Besucheransturm zunächst völlig unvorbereitet. Mittlerweile wurden die bereits bestehende Aussichtsplattform erweitert, Flyer und Infotafeln in Mandarin übersetzt und leerstehende Häuser zu Unterkünften ausgebaut. Auch Helikopterflüge über den See werden angeboten.

Früh aufstehen lohnt sich.

Sterne, soweit das Auge reicht.

Ein klein wenig Zwiespalt jedoch begleitet die neuerliche „Berühmtheit“: War Lake Tyrrell bisher nur unter den Locals bekannt, also ein echter Geheimtipp, teilt man seine atemberaubenden Spiegeleffekte nun mit anderen. Doch durch seine isolierte Lage weit abseits der Wege wird der ganz große Andrang wohl ausbleiben. Und das ist auch gut so.

Info

Lage: Baileys Rd, Sea Lake VIC 3533. Ca. 180 km südlich von Mildura, 365 km nordwestlich von Melbourne.

Anfahrt: Über Calder Hwy/A79 Richtung Sea Lake. Die Aussichtsplattform liegt ca. 7 km außerhalb der Stadt Richtung Mildura.

Öffnungszeiten: Immer.

Eintritt: Kostenfrei. Helikoptertouren ab 85 AUD pro Person.

Touristeninformation:
- Visitor Information Centre, 51-67 Pall Mall, Bendigo VIC 3550.
- Visitor Information Centre, 180-190 Deakin Ave, Mildura VIC 3500.

Website: www.sealake.vic.au, www.promhelis.com.au

35. Mount Wycheproof: Auf dem größten kleinsten Berg der Welt

Irgendwo im nordwestlichen Nirgendwo Victorias liegt das beschauliche Städtchen Wycheproof – Heimat von knapp 700 Menschen. Der erste Eindruck lässt nicht vermuten, dass irgendetwas an dieser so typisch australischen Country-Stadt besonders ist. Wäre da nicht der Mount Wycheproof.

Mount Wycheproof ist der kleinste Berg der Welt – und zwar ganz offiziell registriert! Er misst sage und schreibe 148 Meter. Da Wycheproof jedoch selbst ein wenig über Null liegt, ragt der Berg gerade einmal 43 Meter über die Stadt hinaus. Mitunter kann der Besucher also nicht zwischen Stadt und Berg Wycheproof unterscheiden bzw. muss genauer hinschauen, bis er die „Anhöhe" inmitten des Ortes erkennt. Egal – der Titel ist ihm sicher. Die Skala, an deren Spitze der Mount Everest steht, fängt hier in Australien mit dem Mount Wycheproof an. Wie der Autor einer Website feststellte, leben allerdings in Wycheproof weniger Einwohner als während der Hauptsaison im Base Camp des höchsten Gipfels der Welt. Der Name Wycheproof stammt übrigens aus der Sprache der Eingeborenen und heißt soviel wie „Gras auf einem Hügel".

Auf ihre Attraktion sind die Anwohner jedenfalls ungemein stolz. Erst 2016 investierten sie viel Geld in den Ausbau des Berges, um ihn zu einem regionalen Erlebnis zu machen. In luftiger Höhe gibt es nun neben einer hübschen Rotunde auch Barbecues, Sitzgelegenheiten, Wanderwege und eine knapp zwei Meter hohe Skulptur! Eine 360°-Sicht auf die umliegenden weiten Ebenen der Mallee gibt es oben drauf – im Klartext Getreidefelder soweit das Auge reicht.

Wegweiser für die Region

Darüber hinaus finden hier regelmäßig Events der Stadt bzw. umliegenden Gemeinden statt, wie das „Dinner on the Mount" oder das „Grain Festival". Bis vor einigen Jahren wurde hier auch alljährlich ein Wettrennen abgehalten, bei dem ein 60 Kilogramm schwerer Getreidesack möglichst schnell und nur mit eigener Körperkraft hinauf auf den Berg getragen werden musste.

Und selbst Google ist dem kleinsten Berg der Welt auf die Schliche gekommen. So rief der Internet-Riese erst kürzlich ein Projekt namens „Project Wycheproof" ins Leben – eine Testserie, die gebräuchliche Verschlüsselungssoftware auf Fehler bzw. Schwachstellen prüfen soll. Laut Google müsse man sich erreichbare Ziele setzen. Und je kleiner der Berg, desto leichter lässt sich dieser bezwingen!

Aussicht vom Gipfel auf die weiten Ebenen

Info

Lage: Mount St, Wycheproof VIC 3527. Ca. 135 km nordwestlich von Bendigo, 280 km nordwestlich von Melbourne.

Anfahrt: Über Calder Hwy/A79 Richtung Bendigo bzw. Mildura, im Ort Abzweig auf Mount St/C267.

Öffnungszeiten: Immer.

Eintritt: Kostenfrei.

Touristeninformation: Visitor Information Centre, 51-67 Pall Mall, Bendigo VIC 3550.

Website: www.wimmeramalleetourism.com.au

High Country

36. Great Alpine Road: Überaus fotogene Berg- und Talfahrt
37. Ladies Bath und Eurobin Falls: Feuchtfröhliches Vergnügen am Mount Buffalo
38. Bright: Kleinstadt-Idylle vor imposanter Bergkulisse
39. Beechworth: Herausgeputzte Pionierstadt mit viel Charme
40. Ned Kelly Touring Route: Die Wege des Robin Hood Australiens
41. Powers Lookout: Hoch über dem King Valley

Roadtrippin' auf der Great Alpine Road – mit überschaubarem Verkehr

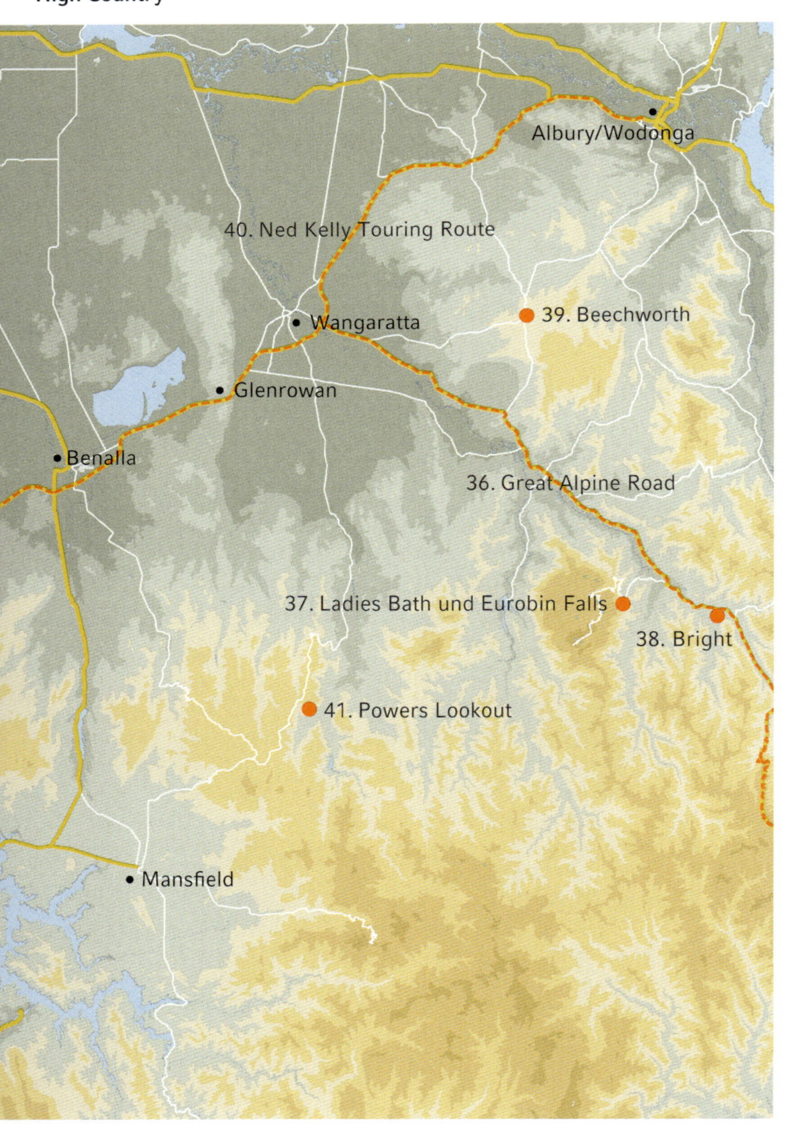
Albury/Wodonga
40. Ned Kelly Touring Route
Wangaratta
39. Beechworth
Glenrowan
Benalla
36. Great Alpine Road
37. Ladies Bath und Eurobin Falls
38. Bright
41. Powers Lookout
Mansfield

36. Great Alpine Road: Überaus fotogene Berg- und Talfahrt

Dass abseits der Great Ocean Road eine weitere „großartige Straße" durch das High Country Victorias führt, wissen die wenigsten Besucher. Dabei bietet ihr Pendant, die Great Alpine Road, beim Blick aus dem Fenster das durchaus beeindruckendere Landschaftspanorama.

In luftiger Höhe im Mount Buffalo National Park

Australiens höchstgelegene, ganzjährig befahrbare Straße verläuft auf 312 Kilometern Länge zwischen Wangaratta im Norden und Bairnsdale an der Küste. Was den Roadtrip so aufregend macht, sind nicht nur das Fahrvergnügen und die vielen Wow-Momente. Faszinierend ist vor allem die abwechslungsreiche Szenerie, bedingt durch den zurückzulegenden Höhenunterschied von rund 1800 Metern und die verschiedenen jahreszeitlichen Anblicke.

In Wangaratta startend, geht es zunächst durch ebenes Farmland und Täler: Weidende Schaf- und Rinderherden ziehen vorbei, Obstplantagen und Weinberge schließen sich an. In der Ferne lassen sich bereits die imposanten Bergzüge erkennen, die kurz darauf mit einem ersten Highlight aufwarten – dem Mount Buffalo National Park: Mehr als 90 Kilometer Wanderwege, wunderschöne Wasserfälle und atemberaubende 360°-Ausblicke auf die Alpen erwarten den Urlauber hier (siehe Tipp 37).

Im Anschluss lädt das idyllische Städtchen Bright zu einem Stopp ein (siehe Tipp 38). Aufgrund der umliegenden Berge spürt man es kaum, doch seit Wangaratta ist die Great Alpine Road lediglich um etwa 100 Meter angestiegen. Erst nach Harrietville schießt sie wortwörtlich in die Höhe. Auf unzähligen Serpentinen und durch Haarnadelkurven hindurch windet sich die Straße nun steil hinauf Richtung Mount Hotham (1861 Meter). An ein Überholen oder schnelles Fahren ist bis auf Weiteres nicht zu denken.

An Danny's Lookout kurz vor dem Gipfelplateau wird der Fahrer mit einer spektakulären Aussicht auf den Alpine National Park für die nervenaufreibende Tour hinauf entschädigt. Nur wenige Kilometer weiter, auf etwa 1750 Metern Höhe, liegen die Ski-Resorts Mount Hotham und Dinner Plain. Im Sommer recht ausgestorben, besiedeln im Winter Ski- und Snowboardfahrer die anspruchsvollen Pisten und Chalets in den Dörfern.

Nach Dinner Plain geht es stetig wieder bergab. Gemächlich schlängelt sich die Great Alpine Road auf dieser Seite durch die hügelige Landschaft hindurch, die man derart wohl auch im deutschen Alpenvorland sehen könnte. Im weiteren Verlauf passiert die Straße zunächst Omeo, ein Pionier-Bergstädtchen mit historischem Ortskern, und folgt dann Richtung Bruthen dem kurvenreichen Flusslauf des Tambo River. Die Great Alpine Road endet schließlich in Bairnsdale, dem Tor zu der ausgedehnten Seenlandschaft der Gippsland Lakes.

Angekommen im Ski-Resort Mount Hotham, dem höchsten Punkt der Strecke

Im Winter sorgen Räumfahrzeuge für schneefreie Fahrt.

Info

Lage: Great Alpine Rd/B500, zwischen Wangaratta und Bairnsdale. Ca. 250 km nordöstlich bzw. 280 km östlich von Melbourne.

Anfahrt: Über Hume Hwy/M31 Richtung Wangaratta bzw. Princes Hwy/A1 Richtung Bairnsdale, Abzweig auf Great Alpine Rd/B500.

Sehenswerte Orte: Mount Buffalo National Park, Bright, Mount Hotham, Dinner Plain, Omeo.

Länge/reine Fahrzeit: Ca. 312 km, 4-5 Std. Empfehlenswert sind 2-3 Tage.

Touristeninformation:
- Alpine Visitor Information Centre, 119 Gavan St, Bright VIC 3741.
- Visitor Information Centre, 100-104 Murphy St, Wangaratta VIC 3677.
- Visitor Information Centre, 240 Main St, Bairnsdale VIC 3875.

Website: www.mthotham.com.au, www.visitdinnerplain.com.au, www.victoriashighcountry.com.au, www.visitmountbuffalo.com.au, www.visitbright.com.au, www.omeoregion.com.au

37. Ladies Bath und Eurobin Falls: Feuchtfröhliches Vergnügen am Mount Buffalo

Der Mount Buffalo National Park ist ein Outdoor-Paradies in luftiger Höhe. Sein höchster Gipfel The Horn ragt 1723 Meter in den Himmel. Ein Zwischenstopp lohnt nicht nur wegen der vielen Wander- und Klettermöglichkeiten. Von seinen Hängen stürzen sich ebenso eindrucksvolle Wasserfälle hinab. So stehen die hiesigen Ladies Bath und Eurobin Falls den bekannteren MacKenzie Falls in den Grampians oder den Erskine Falls an der Great Ocean Rund in nichts nach.

Erfrischende Rock Pools

Der Weg zu den Wasserfällen beginnt nur wenige Kilometer hinter dem Parkeingang an der Eurobin Falls Picnic Area. Die beschaulichen Ladies Bath Falls erreicht man bereits nach etwa 400 Metern über einen flachen Weg. Wer auch die Eurobin Falls erkunden möchte, überquert die kleine Brücke und erklimmt die vielen Stufen hinauf zum größeren der beiden Wasserfälle. Der Aufstieg ist sehr steil, also nur keine falsche Scham vor kurzen Verschnaufpausen. Auf etwa halber Strecke fließen die Lower Eurobin Falls in die Rock Pools. Sind die Beine noch nicht schlapp, geht es weiter bergauf Richtung Upper Eurobin Falls. Von der Aussichtsplattform am oberen Ende sieht man sehr gut, wie das Wasser über das Felsplateau in die Tiefe schießt. Bei einsetzender Schneeschmelze im Frühjahr zeigt sich der Wasserfall natürlich etwas imposanter, im Sommer hingegen fließt das Wasser eher am Felsen entlang.

Blick auf die Upper Eurobin Falls

In den heißen Monaten kann es auf dem 1,5 Kilometer langen, schmalen Track mitunter etwas eng werden.

Der Grund für den erhöhten Andrang ist verständlich: Viele Einheimische nehmen in den Rock Pools der Wasserfälle ein erfrischendes Bad. Offiziell gestattet ist der Sprung ins kühle Nass in den leicht zugänglichen Ladies Bath Falls. Zu den Rock Pools der Eurobin Falls hingegen gelangt man nur über waghalsige Klettereinlagen entlang rutschiger Felsen, was in den vergangenen Jahren zu mehreren Unfällen führte. Warnschilder weisen daher auf das Verbot hin, den Track hier zu verlassen.

Lower Eurobin Falls

Eine kleine Brücke überspannt die Ladies Bath Falls.

Die Kulisse könnte an beiden Wasserfällen jedenfalls herrlicher nicht sein. Viele Bäume und Farne sorgen für ausreichend Schatten und geben dem Ort eine verwunschene, sehr friedliche Atmosphäre. Wer sich also nach einer anstrengenden Wanderung nach einer Abkühlung sehnt, sollte seine Badesachen einpacken.

Info

Lage: Mount Buffalo Rd, Mount Buffalo VIC 3740. Ca. 17 km westlich von Bright, 320 km nordöstlich von Melbourne.

Anfahrt: Über Great Alpine Rd/B500 Richtung Bright, Abzweig auf Mount Buffalo Rd/C535.

Öffnungszeiten: Immer.

Eintritt: Kostenfrei.

Touristeninformation: Alpine Visitor Information Centre, 119 Gavan St, Bright VIC 3741.

Website: www.visitmountbuffalo.com.au, www.parks.vic.gov.au

38. Bright: Kleinstadt-Idylle vor imposanter Bergkulisse

Bright heißt im Deutschen so viel wie „strahlend" – passender könnte eine Bezeichnung nicht sein. Denn der gleichnamige Ort im High Country zaubert dem Besucher tatsächlich ein Strahlen ins Gesicht. Bright ist eine Kleinstadt wie aus dem Bilderbuch, aus der man so schnell nicht wieder weg möchte.

Die Gründe für die Popularität Brights unter den Einwohnern Victorias liegen auf der Hand, sobald man die Stadt das erste Mal sieht. Eingebettet zwischen dem Mount Buffalo und Alpine National Park liegt Bright inmitten einer atemberaubenden Bergkulisse, wie man sie in Australien wohl nicht vermutet hätte. Zudem hat es die Stadt, in der nur 2200 Menschen dauerhaft wohnen, trotz seiner deutlich höheren Besucherzahlen geschafft, authentisch zu bleiben. Natürlich gibt es unzählige Campingplätze, Motels & Co. Dennoch bekommt der Besucher hier nicht wirklich das Gefühl, in einer für Touristen aufbereiteten Kulisse zu stecken.

Von seiner strahlendsten Seite zeigt sich Bright im Herbst, wenn die hiesigen Laubbäume in den Farben Rot, Orange und Gelb explodieren und die Einwohner ihren Indian Summer beim alljährlichen Bright Autumn Festival feiern. Doch auch zu allen anderen Jahreszeiten überzeugt die Stadt mit einem bunten Aktivitätenspektakel und unzähligen Wanderwegen. Besonders malerisch ist der etwa fünf Kilometer lange Canyon Walk, der dem Verlauf des Ovens River folgt. Mit hoher Sicherheit trifft der Spaziergänger dabei auf Aussies, die mit Goldpfannen nach kleinen Nuggets im Fluss suchen. Alternativ vergnügt man sich hier beim Schwimmen und einer sanften Form des Raftings – mit Gummireifen.

Einladende Shop-Fassaden

Aufgrund der guten Thermik ist Bright zudem ein Paradies für Paraglider und Drachenflieger, die den Himmel über der Kleinstadt zieren. Wer lieber in Bodennähe bleibt, kann einen Reitausflug machen oder sich ein Fahrrad mieten. Denn nirgends sonst zeigen sich die Australier fahrradfreundlicher als im High Country. Und das muss man ausnutzen – egal, ob man entspannt in die Nachbardörfer radeln oder einen der nahen Berge erklimmen möchte (siehe Tipp 48).

Es ließen sich noch viele weitere Seiten mit möglichen Aktivitäten in und rund um Bright füllen. Die pittoreske Stadt ist schlichtweg die perfekte Ausgangsbasis für einen Urlaub im High Country, sei es für einige Tage oder mehrere Wochen, im Sommer beim Wandern oder im Winter beim Skifahren. Und da sich Bright noch nicht bis zu den internationalen Besuchern herumgesprochen hat, macht man hier Urlaub unter Locals.

Malerisch eingebettet zwischen Bergen

Info

Lage: Bright VIC 3741. Ca. 325 km nordöstlich von Melbourne.

Anfahrt: Entlang der Great Alpine Rd/B500.

Mögliche Aktivitäten: U. a. Wandern, Klettern, Paragliden, Drachenfliegen, Schwimmen, Campen, Reiten, Angeln, Golf, Fahrrad fahren, Mountainbiken, Kajak fahren, Skifahren und Snowboarden u. v. m.

Touristeninformation: Alpine Visitor Information Centre, 119 Gavan St, Bright VIC 3741.

Website: www.visitbright.com.au, www.brightvictoria.com.au

39. Beechworth: Herausgeputzte Pionierstadt mit viel Charme

Wie so viele andere Städte in Victoria verdankt auch Beechworth seine Existenz der Suche nach Gold. 1852 wurden hier die ersten glänzenden Nuggets gefunden. Heute ist Beechworth das besterhaltene und wohl fotogenste Goldgräberstädtchen Australiens.

Mehr als 30 Bauten der Stadt stehen unter Denkmalschutz. Nur das ebenso kleine Maldon inmitten der Goldfields kann Beechworth diesbezüglich das Wasser reichen. Zahlreiche Arkaden und die mit Veranden überdachten Fußwege verströmen eine wunderbar entschleunigende Atmosphäre und laden zum Schlendern ein. Viele der historischen Gebäude beherbergen heute Restaurants, Vintage-Shops oder Boutiquen. Die Shop-Fronten sind weitestgehend original, ihre Schaufenster locken mit Kleidung, Dekoration, Bücher oder Süßigkeiten.

Viele der Gebäude sind über hundert Jahre alt.

Einblicke in die Vergangenheit bekommt man im Historic Precinct.

In Beechworth zeigt sich die Goldrausch-Architektur besonders unverfälscht und in Szene gesetzt. Zahlreiche originale Gebäude aus honigfarbenem Granit und Steinmauerwerk zieren die Straßen. Die ehemalige und noch heutige Post mit ihrem hohen Turm ist wohl das markanteste Gebäude der Stadt. Im Historic und Cultural Precinct gegenüber dem Besucherzentrum stehen u. a das alte Gerichtsgebäude, Telegrafenamt, Rathaus, Schatzhaus sowie die Polizeistation und ihre Pferdestallungen. Sie allesamt erzählen eine Geschichte davon, wie das Australien des 19. Jahrhunderts wuchs und zu Wohlstand kam.

Durch das überschaubare Gelände des Historic und Cultural Precinct führt ein Rundgang; einige Gebäude sind zugänglich und als Museum aufbereitet, wie das Gerichtshaus. Es lohnt sich, eine geführte Tour zu buchen, um von den spannenden Geschichten aus der Pionierzeit zu erfahren. Zu deren Hauptakteuren gehören u. a. Robert O'Hara Burke und Ned Kelly. Burke war einst Polizeichef in Beechworth, ehe er 1861 bei dem Versuch, mit seinem Partner William Wills Australien erstmals von Süd nach Nord zu durchqueren, starb. Das Museum in Beechworth erzählt von seinen ruhmvollen Taten. Ned Kelly hingegen ist der wohl

Zeitzeuge des Goldrausches und seit jeher Sitz der Post

legendärste Bushranger Australiens. Im High Country führt kein Weg an seiner Legende vorbei (siehe Tipp 40). In Beechworth kann man seinen Spuren vor allem im Gerichtsgebäude folgen.

PS: Knurrt der Magen, sollte man unbedingt in die Beechworth Bakery einkehren. Deren Kuchen und vor allem Pies sind unglaublich lecker! In ganz Victoria gibt es mittlerweile sechs Filialen der berühmten Bäckerei, die hier zu Zeiten des Goldrauschs erstmals öffnete.

In Beechworth lebt es sich entspannt.

Info

Lage: Beechworth VIC 3747. Ca. 290 km nordöstlich von Melbourne.

Anfahrt: Über Great Alpine Rd/B500, bei Tarrawingee Abzweig auf Beechworth-Wangaratta Rd/C315 Richtung Beechworth.

Mögliche Aktivitäten: Sightseeing, historische Touren, Shoppen, Schlemmen & Genießen. Wer noch etwas Zeit hat, sollte auch die Umgebung von Beechworth erkunden, z. B. Beechworth Gorge, Woolshed Falls oder Lake Sambell Reserve.

Touristeninformation: Visitor Information Centre, 103 Ford St, Beechworth VIC 3747.

Website: www.explorebeechworth.com.au, www.burkemuseum.com.au

40. Ned Kelly Touring Route: Die Wege des Robin Hood Australiens

Das High Country war das Revier des berühmt-berüchtigten Ned Kelly. Der Bushranger gehört zu den umstrittensten Figuren der australischen Geschichte. Entlang der Ned Kelly Touring Route lassen sich die Ereignisse rund um den Banditen und Volkshelden nacherleben.

Nicht zu übersehen ist der überlebensgroße Ned Kelly in Glenrowan.

In Stringybark Creek wurde die Ned Kelly Gang zu Gesetzlosen.

Ned Kelly wurde 1855 als Sohn irischer Sträflinge geboren. Das Schicksal des jungen Rebellen nahm seinen Lauf, als man ihm 1878 vorwarf, einen Polizisten angeschossen zu haben. Gemeinsam mit seinem Bruder Dan und den Freunden Steve Hart und Joe Byrne versteckte sich Kelly in den Wäldern. Auf der Flucht erschossen sie drei Polizisten. Auf die Gesetzlosen wurde ein Kopfgeld ausgesetzt. Es folgte ein Katz- und Mausspiel, das 1880 in einer wilden Schießerei endete. Während die drei anderen bei dem Gefecht ums Leben kamen, wurde Kelly schwer verwundet gefasst und zum Tode verurteilt.

Die Geschichte Ned Kellys spaltet noch immer die Nation: Während die einen in ihm den Helden sehen, der sich gegen die korrupte Obrigkeit wehrte, bleibt er für die anderen ein Mörder, der seine gerechte Strafe bekam. Fakt ist, dass er zu den berühmtesten Persönlichkeiten Australiens gehört. An mehr als einem Dutzend Orte entlang der Ned Kelly Touring Route – von Melbourne bis hinauf nach Beechworth – lassen sich heute die wichtigsten Etappen seines Wirkens nachverfolgen.

Zu den Highlights der Tour gehört u. a. Stringybark Creek, wo die Ned Kelly Gang anno 1878 jene drei Polizisten erschoss. Nicht weit entfernt in Glenrowan fand im Juni 1880 ihr letztes Gefecht statt. Dass die Kleinstadt hauptsächlich vom Ned Kelly-Tourismus lebt, zeigt sich mehr als deutlich an der überlebensgroßen Statue im Ort.

Im Gerichtsgebäude des nahen Beechworth, einer weiteren Touretappe, wurde der Bushranger schließlich zum Tode verurteilt und nach Melbourne überführt. Seine letzte Ruhe fand er auf dem Friedhof in Greta. Das Grab ist jedoch unmarkiert, um es vor Vandalismus zu schützen.

An jedem Stopp der Ned Kelly Touring Route stehen Infotafeln, die über die hiesigen Vorfälle informieren. Es bleibt dem Besucher im Anschluss selbst überlassen, ob er die Taten Kellys nun verurteilt oder glorifiziert. Und selbst wer nicht ins High Country unterwegs ist, kann bereits in Melbourne zwei Etappen der Route abhaken. So ist seine originale Rüstung aus dem Glenrowan-Gefecht in der State Library zu sehen (siehe Tipp 3). Und im Old Melbourne Gaol sprach er angeblich seine berühmten letzten Worte, bevor man ihn hängte: „Such is life“.

Mehrmals stand der Bushranger vor Gericht in Beechworth.

Ned Kelly's Capture

Ort der Festnahme Ned Kellys in Glenrowan 1880

Info

Lage: Region zwischen Melbourne und Beechworth. Je nach Etappe bis zu 290 km nordöstlich von Melbourne.

Anfahrt: Über Hume Hwy/M31 Richtung Albury/Wodonga. Entlang der Strecke Abzweig zu den jeweiligen Etappenorten.

Sehenswerte Orte: Melbourne, Beveridge, Avenel, Euroa, Benalla, Glenrowan, Beechworth, Greta, Powers Lookout, Stringybark Creek, Mansfield.

Länge/reine Fahrzeit: Ca. 458 km, rund 7 Std.

Touristeninformation:

- Visitor Information Centre, 14 Mair St, Benalla VIC 3672.
- Visitor Information Centre, 173 High St, Mansfield VIC 3722.
- Visitor Information Centre, 103 Ford St, Beechworth VIC 3747.

Website: www.nedkellytouringroute.com.au, www.thekellytrail.com

41. Powers Lookout: Hoch über dem King Valley

Wer auf der Suche nach kulinarischen Genüssen wie Wein, Prosecco, Molkereiprodukten, Obst, Nüssen oder Marmeladen durch das King Valley tourt, sollte auf jeden Fall am Powers Lookout Halt machen. Denn von hier genießt der Besucher einen weitreichenden Ausblick hinein in das Gourmet-Tal und auf die im Hintergrund thronenden Alpen.

Weit reicht der Blick hinein in das King Valley.

Benannt ist der Aussichtspunkt nach Harry Power, einem bekannten Bushranger. Wegen Diebstahls wurde der damals 21-jährige Ire 1840 nach Australien verbannt. Er saß seine Strafe ab und lebte zunächst ein ehrliches Leben, bis ihm zwei angetrunkene Polizisten des Pferdediebstahls bezichtigten. Es kam zu einer Schießerei, in deren Folge Powers erneut im Gefängnis landete. Er floh und schlug sich fortan als stehlender Bandit durch den Nordosten Victorias. Wie kein Zweiter kannte er seine Umgebung und auch sein Handwerk. So war der deutlich jüngere Ned Kelly angeblich für einige Zeit sein „Bushranger-Azubi", was erklärt, warum der Powers Lookout ebenso auf der Ned Kelly Touring Route liegt (siehe Tipp 40).

Damals wie heute offenbart sich hier ein grandioser Ausblick hinein in das 300 Meter tiefer liegende King Valley. Während Powers einst nach patrouillierenden Polizisten im Tal Ausschau hielt, genießt der Besucher heutzutage ganz ohne Fluchtinstinkt das Panorama von zwei möglichen Aussichtspunkten. Der erste Lookout (auf der Infotafel am Parkplatz irritierenderweise als Lookout 2) bezeichnet, ist über einen kurzen Fußweg erreichbar.

Hoch oben auf dem Lookout 1

Doch der eigentliche, spektakuläre Rundumblick zeigt sich erst vom Lookout 1. Zu diesem gelangt der Besucher über so einige steile Stufen, die in die Felsen eingebaut sind. Für den knapp 200 Meter langen Weg benötigt man immerhin 10 Minuten. Besondere Vorsicht ist nach Regen geboten, wenn die Treppe sehr rutschig ist. Wer Höhenangst hat, bekommt zudem weiche Knie, denn sowohl die Stufen als auch die eigentliche Aussichtsplattform bestehen aus Stahlgitter. Der Blick sollte in diesem Fall wohl ausschließlich in die Ferne und nicht nach unten schweifen.

Info

Lage: Powers Lookout Scenic Reserve, Powers Lookout Rd, Whitlands VIC 3678. Ca. 70 km südlich von Wangaratta, 240 km nordöstlich von Melbourne.

Anfahrt: Über Mansfield-Whitfield Rd/C521 Richtung Mansfield bzw. Wangaratta, Abzweig auf Powers Lookout Rd.

Öffnungszeiten: Immer.

Eintritt: Kostenfrei.

Touristeninformation:
- Visitor Information Centre, 100-104 Murphy St, Wangaratta VIC 3677.
- Visitor Information Centre, 173 High St, Mansfield VIC 3722.

Website: www.visitkingvalley.com.au, www.parkweb.vic.gov.au, www.nedkellytouringroute.com.au

Gippsland

42. Walhalla: Aufgeweckte Geisterstadt mit reicher Vergangenheit
43. Noojee Trestle Bridge: Meisterliche Brückenbaukunst aus Holz
44. Toorongo und Amphitheatre Falls: Berauschender Spaziergang im Baw Baw National Park
45. Glen Nayook Rainforest: Unter einem Dach immergrüner Farne
46. Mount Bishop: Einsamer Sonnenuntergang im Wilsons Promontory National Park

Ein Farbenrausch in Grün – der Baw Baw National Park

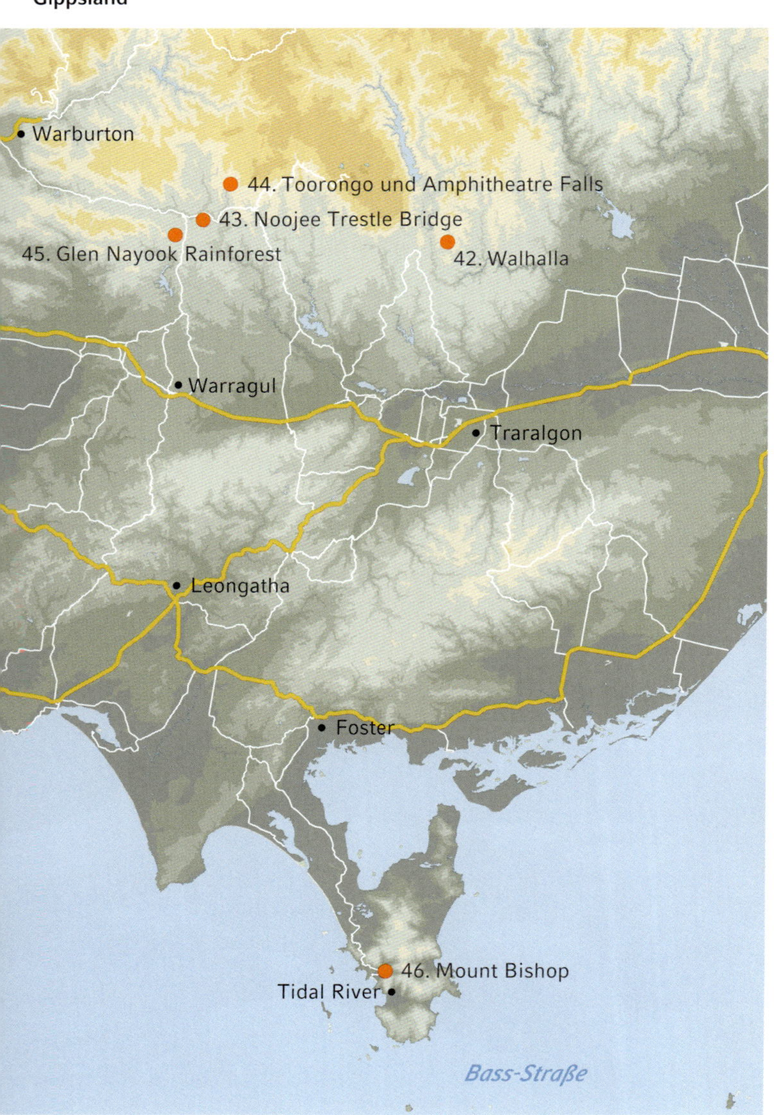
Warburton
44. Toorongo und Amphitheatre Falls
43. Noojee Trestle Bridge
45. Glen Nayook Rainforest
42. Walhalla
Warragul
Traralgon
Leongatha
Foster
46. Mount Bishop
Tidal River
Bass-Straße

42. Walhalla: Aufgeweckte Geisterstadt mit reicher Vergangenheit

Wie kommt es, dass eine winzige Stadt in Australien nach dem Paradies ruhmreicher Krieger in der nordischen Mythologie benannt ist? Ganz einfach: Bereits bei der Anfahrt nach Walhalla hat der Besucher das Gefühl, als ließe er alles Irdische hinter sich, so faszinierend und unwirklich ist die Kulisse.

Viele Wege führen nicht nach Walhalla – der Ort liegt tief in den dichten Wäldern der Victorian Alps. Kurve um Kurve windet sich die schmale Zufahrtsstraße in das enge Tal hinein. Hohe Eukalyptusbäume und riesige Farne tunken die Umgebung in sattes Grün; nur ab und an blitzt der Himmel durch die üppigen Baumkronen. Niemals scheint die Straße enden zu wollen, bis sich ganz plötzlich das Tal öffnet. Willkommen in der wohl hübschesten Geisterstadt Australiens!

Die Rotunde mit dem Star Hotel im Hintergrund

Es war 1862, als die Region erstmals auf den Karten Australiens eingezeichnet wurde. Grund war, wie so oft in Victoria, der Fund von Gold. Inmitten dieser atemberaubenden, aber unzugänglichen Landschaft entstand eine Siedlung, die zu Höchstzeiten ca. 4000 Menschen beheimatete. Doch allmählich versiegte die Goldader und die Stadt verschwand erneut von den Landkarten. Nach 50 Jahren war der göttliche Funke verpufft. Erst in den 1990er-Jahren wurde Walhalla aus dem Winterschlaf erweckt und als letzte Stadt auf dem australischen Festland an das Stromnetz angeschlossen. Heute zählt der Ort immerhin knapp 20 Einwohner – und so einige neugierige Besucher, die ein wenig Zeit im „Paradies" verbringen möchten.

Der Friedhof als Sehenswürdigkeit

Zu sehen gibt es einiges: So verläuft der selbstgeführte Heritage Walk quer durch das damalige und heutige Walhalla. Zu den schönsten Motiven zählen wohl die Rotunde, wo einst die Band für Unterhaltung nach Minenschluss sorgte, sowie das neu errichtete Star Hotel. Es mag makaber klingen – doch selbst der Friedhof ist eine Augenweide. Wie vieles im Ort nistet auch er sich mit einer Neigung von 45 Grad malerisch in den Berghang ein. Seine von Moos bewachsenen und mit Inschriften verzierten Grabsteine erzählen Geschichten aus längst vergangenen Zeiten. Es verwundert ganz und gar nicht, dass man in Walhalla an Geistertouren teilnehmen kann.

Eine Tour in der Long Tunnel Gold Mine sowie eine Fahrt mit der dampfenden Walhalla Goldfields Railway durch das „göttliche Tal" sind weitere Besucher-Highlights. Zudem beginnt hier der 650 Kilometer lange Australian Alps Track, der kurz vor Canberra endet. Der einstigen Geisterstadt wurde also auf vielerlei Art neues Leben eingehaucht.

Eine einzige Straße führt durch Walhalla.

Info

Lage: Walhalla VIC 3825. Ca. 46 km nördlich von Traralgon, 185 km östlich von Melbourne.

Anfahrt: Über die Thomson Valley Rd bzw. Tyers-Walhalla Rd/C481 Richtung Walhalla. Bei Rawson Abzweig auf Walhalla Rd/C461.

Mögliche Aktivitäten: Sightseeing, Bushwalking, 4WD-Touren, Camping, Angeln, Hiking.

- Long Tunnel Gold Mine Tour: Täglich außer 25.12., ab 15 AUD.
- Walhalla Goldfield Railway: Mi, Sa, So, in den Ferien öfter, ab 12 AUD.
- Walhalla Ghost Tours: samstags, ab 20 AUD.

Touristeninformation:

- Visitor Information Centre, 3400 Warburton Hwy, Warburton VIC 3799.
- Visitor Information Centre, 41 Princes St, Traralgon VIC 3844.

Website: www.visitwalhalla.com, www.walhallarail.com.au, www.walhallaghosttour.info

43. Noojee Trestle Bridge: Meisterliche Brückenbaukunst aus Holz

West Gippsland ist das Tal der Trestle-Brücken, auch Bock- oder Gerüstpfeilerbrücken genannt. Über ihre Pfeiler verlief einst ein reger Zugverkehr, der Holz aus den üppigen Wäldern der Region in die nahen Sägewerke brachte. Eine von ihnen ist noch heute eine Augenweide sowie beeindruckendes Zeugnis meisterlicher Baukunst – die Noojee Trestle Bridge.

Anfang des 19. Jahrhunderts führte die Noojee Railway Line von Warragul nach Noojee. Das hügelige Gelände zwischen den letzten Stationen Neejim South und Noojee erforderte den Bau hölzerner Viaduktbrücken. In der Folge wurden hier zwischen 1915 und 1919 insgesamt sieben jener Trestle Brigdes errichtet. Nach dem Rückgang der Holzindustrie verfielen die Brücken jedoch oder wurden eingerissen. Nur die Noojee Trestle Bridge blieb dank des Engagements der Anwohner stehen. Heute ist sie die größte noch existierende Brücke ihrer Art in Victoria.

Auf den Gleisen fährt heute kein Zug mehr.

Über viele Treppen geht es hinauf auf die Trestle Bridge.

Auf 102 Metern Länge und 21 Metern Höhe stützen 19 Pfeiler den imposanten Brückenbau, der dank der hölzernen Konstruktion und luftigen Architektur nicht besser in die umgebende Kulisse passen könnte. Während z. B. in Sydney ein ebenso ansehnlicher und eindrucksvoller Koloss aus Stahl den Hafen überspannt, verzaubert die Noojee Trestle Bridge vor allem mit ihrer Schlichtheit und Anmut.

Mittlerweile verkehren über ihre Pfeiler keine Züge mehr, sondern Radfahrer und Wanderer. Denn das ehemalige Gleisbett wurde zu einem sogenannten Rail Trail ausgebaut (siehe Tipp 48), der an der alten Bahnhofsstation in Noojee beginnt und wenige Kilometer später an der Brücke endet. So können Besucher das Viadukt nicht nur vom Boden aus bestaunen, sondern auch auf ihm schlendern und die Aussicht hinein in das grüne, dicht bewaldete Tal genießen.

Wer nicht unbedingt mehrere Kilometer laufen oder radeln möchte, „nur" um eine Brücke zu sehen, kann mit dem Auto direkt vor der Noojee Trestle Bridge parken. Ein kleiner Picknickplatz zu ihren Füßen lädt zu einer kurzen Pause ein, ehe oder nachdem man sie über viele Stufen erklommen hat. Nach der Zufahrtsstraße muss man jedoch etwas genauer Ausschau halten, da sich die Ausschilderung in Grenzen hält und die Brücke sich hinter den hohen Bäumen versteckt.

Der alte Bahnhof in Noojee

Idyllischer Rastplatz zu Füßen der Brücke

Info

Lage: Mt Baw Baw Tourist Rd, Noojee VIC 3833. Ca. 80 km nordwestlich von Traralgon, 110 km östlich von Melbourne.

Anfahrt: Über Mt Baw Baw Tourist Rd/C426 Richtung Noojee, dort Abzweig auf schottrige Zufahrtsstraße. Alternativ Fahrt bis Noojee und von dort den ca. 3 km langen Noojee Trestle Bridge Rail Trail bis zur Brücke laufen bzw. radeln.

Öffnungszeiten: Immer.

Eintritt: Kostenfrei.

Touristeninformation:

- Visitor Information Centre, 3400 Warburton Hwy, Warburton VIC 3799.
- Visitor Information Centre, 41 Princes St, Traralgon VIC 3844.

Website: www.railtrails.org.au, www.visitbawbaw.com.au

44. Toorongo und Amphitheatre Falls: Berauschender Spaziergang im Baw Baw National Park

Angeblich ist es nirgends nasser in Victoria als rund um das Städtchen Noojee. Dass dies tatsächlich der Wahrheit entsprechen könnte, zeigt sich in den satten Grüntönen und rauschenden Wasserfällen des nahen Toorongo Falls Reserve.

Toorongo Falls

Der Weg in das Naturparadies verläuft entlang des malerischen Toorongo River unter einem Schatten spendenden Baldachin. Idyllischer könnte eine Landschaft kaum sein. Auch die Einheimischen schätzen die Beschaulichkeit des Parks und verbringen hier ihre Freizeit beim Campen, Angeln oder Grillen. Typisch australisch eben.

Nach wenigen hundert Metern endet die Straße an einem Parkplatz, wo der Rundweg zu den Toorongo und Amphitheatre Falls beginnt. Die umgebende Kulisse erhöht die Vorfreude auf den kommenden Spaziergang: Zu den Eukalyptusbäumen und Farnen gesellen sich Moose, die Felsen und Stämme bedecken – ein Farbspektakel in den saftigsten Grüntonen! Der Pfad verläuft im Zickzack hinein in den Regenwald und ist in einem guten Zustand, sodass man diesen auch in Flipflops meistern kann. Allerdings sorgen einige steile Stufen zwischendurch für ein wenig Atemmangel und die mitunter hohe Luftfeuchtigkeit lässt die Schweißperlen nur so fließen.

Bis man den ersten Wasserfall zu Gesicht bekommt, braucht es ein wenig. Doch die Toorongo Falls lassen bereits nach kurzer Zeit von sich hören. Mit jedem Schritt wird ihr Tosen lauter. Nach etwa 30 Minuten steht man dem ersten Etappenziel schließlich direkt gegenüber. Im Dickicht des Waldes scheint der Wasserfall aus dem Nichts zu kommen und auch dort wieder zu enden. Selbst im Januar zeigt er sich im wahrsten Sinne des Wortes berauschend und nicht etwa nur als kleines Rinnsal.

Nachdem er die Aussicht vom ersten Lookout ausgiebig genossen hat, kann sich der Besucher entscheiden, ob er kehrt macht oder den 2,2 Kilometer langen Rundweg vollendet und damit auch die Amphitheatre Falls entdeckt. Diese fließen nur rund 600 Meter weiter. Zwar stürzen sie nicht wie ihr Nachbar eindrucksvoll in die Tiefe, sondern fließen gemächlich in Kaskaden den Little Toorongo River hinab. Aber sie sind ebenso schön und vor allem beruhigend! Der Weg zurück zum Parkplatz führt von hier aus immer am Fluss entlang. Sanftes Plätschern und Klettereinlagen auf den Felsen im Flussbett sorgen für Unterhaltung – von den unzähligen tollen Fotomotiven ganz abgesehen.

Info

Lage: Toorongo Falls Reserve, Toorongo Valley Rd, Noojee VIC 3833. Ca. 85 km nordwestlich von Traralgon, 120 km östlich von Melbourne.

Anfahrt: Über Mt Baw Baw Tourist Rd/C426 Richtung Noojee. Dort Abzweig auf Toorongo Valley Rd. Augen offen halten, die Einfahrt ist recht unscheinbar.

Öffnungszeiten: Immer.

Eintritt: Kostenfrei.

Touristeninformation:

- Visitor Information Centre, 3400 Warburton Hwy, Warburton VIC 3799.
- Visitor Information Centre, 41 Princes St, Traralgon VIC 3844.

Website: www.visitbawbaw.com.au

45. Glen Nayook Rainforest: Unter einem Dach immergrüner Farne

Das unscheinbare Kleinod befindet sich im wahrsten Sinne abseits der Wege. Ist man in der Region unterwegs, kann man sich nicht im Geringsten vorstellen, demnächst durch einen Regenwald zu spazieren. Denn der Glen Nayook Rainforest zeigt sich erst auf den zweiten – na ja, eher dritten Blick.

Weder von Weitem noch aus unmittelbarer Nähe offenbart die Umgebung ihr verstecktes Juwel. Inmitten weiter, ebener Felder und kleiner Dörfer muss der Besucher auf der engen Zufahrtsstraße zunächst an Traktoren vorbei, um den Parkplatz des angeblichen Regenwaldes zu erreichen. Doch selbst am Ziel angelangt, erschließt sich ihm noch immer nicht, was ihn gleich erwartet.

Erst mit den ersten Schritten auf dem Rundweg ist man ganz plötzlich und völlig unverhofft mittendrin im Dschungel. Der Glen Nayook Rainfo-

Oben bestimmen sanfte Hügel und Felder die Landschaft.

rest liegt in einer Senke, deren dichter Baumbestand von „oben" keinen Blick hinein zulässt. Der Besucher wird sprichwörtlich vom Regenwald verschluckt.

Wo eben noch Zivilisation sichtbar war, läuft man nun unter einem immergrünen Dach aus Bäumen, Farnen und alles überwuchernden Moosen – ein fast surrealer Szenenwechsel!

Je tiefer der Besucher auf dem Pfad hinab steigt, desto kühler und feuchter wird es. Mit neun Hektar Größe ist das Naturreservat zwar recht klein, bietet aber zahlreiche Wunder von Mutter Natur. Der sanft dahin plätschernde Tarago River verschwindet vor den Augen des Besuchers und fließt unterirdisch weiter. Laierschwänze kopieren aufgeschnappte Geräusche. Und Wombats sowie Possums spähen mit etwas Glück durch die Farne hervor. Nichts außer Idylle, als sei noch nie ein Mensch zuvor hier gewesen. Im Glen Nayook Rainforest fühlt sich der Besucher so fernab von allem und jedem, dass es fast schon ein wenig unheimlich ist. Nur hier und da sind Spuren menschlicher Besucher sichtbar. Freiwilli-

ge Helfer sorgen dafür, dass der schmale Pfad nicht völlig überwuchert und passierbar bleibt. Für den Rundweg von 1,5 Kilometern Länge sind nur knapp 30 Minuten angesetzt, doch wer will, kann sich hier für Stunden verlieren. Sobald man wieder hinauf in die Zivilisation steigt, muss man zunächst einmal die Augen schließen – zu sehr blendet das Licht, das zuvor vom Glen Nayook Rainforest verschlungen wurde.

Ein schmaler Weg führt durch die dichte Vegetation.

Info

Lage: Glen Nayook Reserve, Paynters Rd, Nayook VIC 3832. Ca. 86 km nordwestlich von Traralgon, 120 km östlich von Melbourne.

Anfahrt: Über Yarra Junction-Noojee Rd bzw. Main Neerim Rd/C425 Richtung Neerim South. Bei Neerim Junction Abzweig auf Nayook-Powelltown Rd, dann auf Paynters Rd.

Öffnungszeiten: Immer.

Eintritt: Kostenfrei.

Touristeninformation:
- Visitor Information Centre, 3400 Warburton Hwy, Warburton VIC 3799.
- Visitor Information Centre, 41 Princes St, Traralgon VIC 3844.

Website: www.visitbawbaw.com.au

46. Mount Bishop: Einsamer Sonnenuntergang im Wilsons Promontory National Park

Zu den beliebtesten Tracks im Wilsons Promontory National Park gehört ohne Frage der Weg hinauf auf den Mount Oberon, von dessen Plateau der Besucher einen spektakulären Rundumblick auf den Küstenverlauf des Parks genießt. Allerdings teilt er diese Aussicht mit vielen anderen. Dabei bietet der mit 319 Metern etwas kleinere Mount Bishop in direkter Nachbarschaft eine ebenso phänomenale Aussicht. Und auf seinem Gipfel herrscht kein Gedränge, vor allem nicht zum Sonnenuntergang.

Schöner kann ein Tag im Wilsons Prom nicht ausklingen.

Etwa 1,5 Stunden benötigt ein durchschnittlich fitter Urlauber für den rund 3,7 Kilometer langen Aufstieg. Zunächst läuft er auf dem vergleichsweise ebenen Lilly Pilly Gully Circuit, der durch den dunklen, dichten Regenwald führt. Nach etwa 30 Minuten zweigt schließlich der Mount Bishop Track ab. Fortan wird der Pfad steiler, enger und vor allem holpriger. So sind die Augen eigentlich stets Richtung Boden gerichtet, um nicht über Wurzeln, abgeknickte Äste oder Felsen zu stolpern – Grund dafür, warum die Wanderung durchaus als hart eingestuft werden kann.

Zwischendurch geben die Bäume immer wieder einen kurzen Blick hinaus auf die Küste preis – für den Besucher ein Vorgeschmack darauf, was ihn ganz oben erwartet. Es geht weiter stetig bergauf, bis man schließlich den Wald durchbricht und ein weitläufiges Plateau erreicht. Fehlende Markierungen oder Schilder geben nicht wirklich Aufschluss darüber, ob man am Ziel ist oder nicht.

Doch die Neugierde siegt – einige Meter weiter gelangt der Besucher zu einem kleinen Felsvorsprung, von wo aus der Blick weit in die Ferne schweift. Zwar ist dieser Aussichtspunkt recht schmal, doch für Platzmangel sorgt höchstens das eigene, sperrige Kamerastativ. Denn ein Blick hinauf Richtung Mount Oberon verdeutlicht einmal mehr, wo die Mehrheit der Parkbesucher den Sonnenuntergang verfolgt. Hier hingegen genießt man abgeschieden von den Touristenströmen das ein-

Blick hinüber zum Mount Oberon

Aussicht vom Gipfel auf den südlichen Küstenverlauf und Tidal River

Einziger weiterer Zuschauer

drucksvolle Naturschauspiel, wenn die Sonne über dem berühmten Squeaky Beach im Meer versinkt und die vielen Buchten und Berge des Parks allmählich in den Farben Rot, Orange und Pink erleuchten.

Eines sollte der Urlauber jedoch beim abendlichen Besuch des Mount Bishop bedenken: Für den Abstieg benötigt er mindestens eine volle Stunde. Aufgrund der einsetzenden Dämmerung bzw. Dunkelheit und der Trittsicherheit zuliebe sollte also unbedingt eine Taschenlampe mit dabei sein.

Info

Lage: Wilsons Promontory National Park, Wilsons Promontory VIC 3960. Ca. 3 km nördlich von Tidal River, 225 km südöstlich von Melbourne.

Anfahrt: Der Aufstieg beginnt am Lilly Pilly Gully Car Park entlang der Wilsons Promontory Rd/C444 im Nationalpark.

Öffnungszeiten: Immer.

Eintritt: Kostenfrei.

Touristeninformation:
- Visitor Information Centre, Cnr McDonald & Main St, Foster VIC 3960.
- Visitor Information Centre, Ring Rd, Tidal River VIC 3960.

Website: www.parkweb.vic.gov.au, www.visitpromcountry.com.au

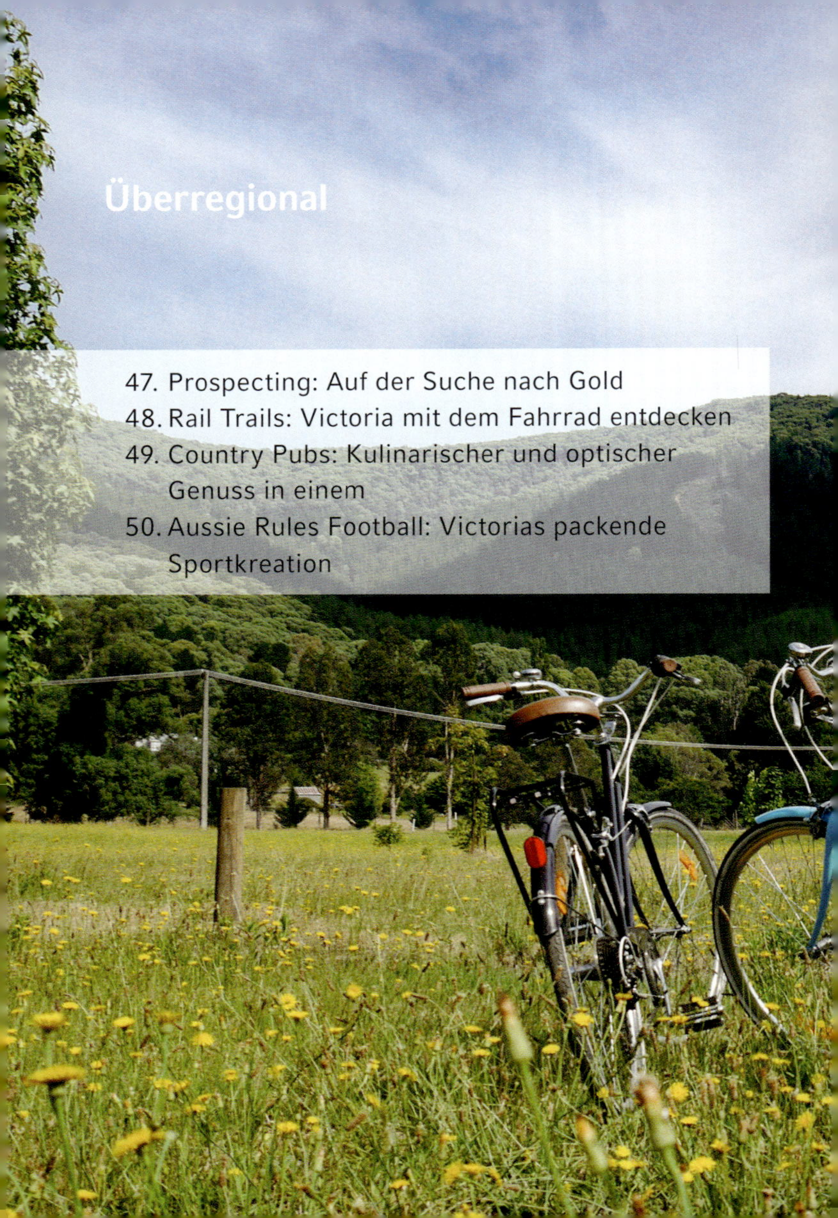

Überregional

47. Prospecting: Auf der Suche nach Gold
48. Rail Trails: Victoria mit dem Fahrrad entdecken
49. Country Pubs: Kulinarischer und optischer Genuss in einem
50. Aussie Rules Football: Victorias packende Sportkreation

Entdeckungstour durch die Alpen auf zwei statt vier Rädern

New South Wales
Mildura
Swan Hill
Victoria
Echuca/Moama
Albury/Wodonga
CANBERRA
ACT
Horsham
Bendigo
Wangaratta
Hamilton
Ballarat
Melbourne
Bairnsdale
Geelong
Portland
Warrnambool
Traralgon
Bass-Straße
Tasmanische See
Launceston
Tasmania

47. Prospecting: Auf der Suche nach Gold

Die Goldfelder Victorias sind längst nicht erschöpft. Erst im Dezember 2016 fand ein Hobbysucher einen 4,3 Kilogramm schweren Nugget bei Dunolly im Golden Triangle (siehe Tipp 21), der mehr als 300.000 AUD wert ist. Warum also nicht auch als Urlauber sein Glück versuchen? Selbst ohne glänzenden Fund – ein einzigartiges Abenteuer ist die Suche nach Gold allemal!

In Australien wird die Suche nach etwas Wertvollem im Boden wie Edelsteine, Fossilien oder Gold als „Prospecting" (schürfen) oder „Fossicking" (stöbern) bezeichnet. Waren es Mitte des 19. Jahrhunderts meist existenzielle Gründe, die Menschen aus aller Welt auf die Goldfelder trieben, ist die Jagd nach dem Edelmetall heute für viele Aussies eine unterhaltsame Freizeitbeschäftigung.

Auch ein Tourist kann in Victoria zum eigenen Zeitvertreib nach Gold suchen. Voraussetzung für die Schatzjagd ist lediglich der Besitz der sogenannten Miner's Right, die für wenige Dollar bei autorisierten Händlern oder online gekauft werden kann und zehn Jahre gültig ist. Ein kommerzieller Verkauf des gefundenen Goldes ist nicht erlaubt. Zudem kann die Miner's Right nur an volljährige Personen ausgestellt werden und gestattet Prospecting ausschließlich in ausgewiesenen Arealen, z. B. im Greater Bendigo National Park. Wer auf privatem Besitz suchen möchte, benötigt zusätzlich eine „permit" des Landbesitzers.

Geschäfte wie diese sind typisch für die Goldfields.

Weitere Auflagen des Prospecting sind, die Suchstätten so zu hinterlassen wie sie vorgefunden wurden. Etwaige Grabungslöcher sind zuzuschütten, der Müll ist mitzunehmen und die Einwirkung auf die Umgebung so gering wie möglich zu halten. Bezüglich der erlaubten Suchtiefe oder Materialentnahme gelten keine spezifischen Bestimmungen, wie es in anderen Bundesstaaten üblich ist. Allerdings sind nur Handwerkzeuge wie Schaufel, Goldpfannen, Hacken oder Metalldetektoren gestattet. Der Einsatz von großen Geräten, z. B. Bagger oder Sprengstoff, ist bei der Goldsuche verboten.

Wer seine Ausstattung nicht mit nach Australien nehmen möchte oder keine hat, kann sich passende Werkzeuge und Kleidung in den Outdoor-Geschäften entlang der Goldfields kaufen oder ausleihen. In Bendigo und Ballarat besteht ebenso die Möglichkeit, an einer ein- oder mehrtägigen Tour teilzunehmen, auf der unter professioneller Begleitung das Goldsucher-Handwerk erlernt und angewendet wird.

Mit ein wenig Glück glänzt es in der Goldpfanne.

Info

Lage: Entlang der Goldfields in Central Victoria und im High Country rund um Beechworth/Walhalla (siehe Tipps 39 u. 42).

Kosten: Miner's Right 24,20 AUD, ggf. Kosten für Equipment oder Tour.

Website: www.parkweb.vic.gov.au, www.earthresources.vic.gov.au, www.pmav.org.au, www.delwp.vic.gov.au

Mit dem Metalldetektor findet man mitunter auch verloren gegangenen Schmuck.

48. Rail Trails: Victoria mit dem Fahrrad entdecken

Australien zählt nicht unbedingt zu den fahrradfreundlichsten Ländern. Zweiräder werden eher als sportliches Zubehör denn als alltägliche Fortbewegungsmittel angesehen. Dementsprechend oft mangelt es an der Infrastruktur und leider auch am Verständnis anderer Verkehrsteilnehmer. Auf den Rail Trails in Victoria radelt man hingegen wie auf Wolke 7.

Viele der Rail Trails lassen sich bequem fahren.

Auch wenn Victoria kein Fahrradparadies wie die Niederlande sein mag, so gibt es doch keine Region in Australien, die für Radtouren jeglicher Art besser geeignet ist. Im Zuge überschaubarer Distanzen, dicht besiedelter Gebiete und einem gemäßigten Klima lassen sich die facettenreichen Landschaften des Bundesstaates perfekt auf zwei Rädern erkunden. Und das nicht etwa inmitten hupender Trucks und schleichender Wohnwagen, sondern auf gut 1000 Kilometern ausgebauter Fahrradwege.

Zu deren Highlights gehören ohne Zweifel die Rail Trails. Dabei handelt es sich um stillgelegte Bahntrassen, die für Wanderer, Fahrradfahrer und Reiter ausgebaut wurden. Zwar gibt es diese in ganz Australien, doch in Victoria ist ihr Streckennetz besonders weit verzweigt. Oft verlaufen sie durch Gegenden, die sich mit dem Auto kaum erreichen lassen und bieten dabei ein eindrucksvolles Panorama, sei es entlang der Küste oder durch historische Goldgräberstädte im High Country.

In der Regel handelt es sich bei den Rail Trails um geteerte Wege oder Schotterstraßen, die sich gut mit einem Sport- oder Cityrad befahren lassen; andere sind Offroad-Pisten und daher nur mit dem Mountainbike machbar. Die vielen Städte entlang der Strecke sind hervorragend auf den Fahrradtourismus eingestellt und bieten neben Unterkünften und Verpflegung auch Verleihstationen, Werkstätten oder gar Shuttle-Services für das Gepäck an. Ebenso ausgezeichnet sind die Beschilderung und das Kartenmaterial, das in den Touristeninformationen der Regionen ausliegt.

Nicht jeder Aussie ist ein Freund des Fahrrads.

Infoschilder entlang der Rail Trails weisen den Weg.

Die Radwege verlaufen i.d.R. neben der Straße, nicht darauf.

Zur Auswahl stehen kurze Routen, z. B. der Noojee Trestle Bridge Rail Trail mit gerade einmal drei Kilometern (siehe Tipp 43) oder etwas längere Strecken, wie der Port Fairy-Warrnambool Rail Trail, der sich mit 37 Kilometer Länge perfekt an einem Tag erkunden lässt. Einer der berühmtesten Rail Trails ist sicherlich der Murray to the Mountains Rail Trail. Dieser folgt auf etwas über 100 Kilometer Länge zwischen den Städten Wangaratta, Beechworth und Bright weitestgehend dem Verlauf der Great Alpine Road (siehe Tipp 36). Die vorbeiziehende Kulisse könnte grandioser nicht sein.

Alles in allem sind die Rails Trails eine tolle Möglichkeit, Down Under interaktiv und nicht nur durch die Fensterscheibe heraus zu entdecken.

Für den Fahrradfahrer gilt Helmpflicht, sonst wird es teuer!

Info

Lage: Über fast ganz Victoria verteilt, jedoch keine nördlich der Grampians bzw. Bendigo.

Länge: Ca. 3-134 km, ein- oder mehrtägige Touren, auch nur Teilabschnitte möglich.

Voraussetzung: Für jedes Alter und Fitnesslevel geeignet, Helmpflicht!

Website: www.railtrails.org.au, www.ridehighcountry.com.au, www.greatvictorianrailtrails.com.au

Gehen Sie auf Tuchfühlung mit den Kängurus

Mit TravelEssence abseits der Massen reisen

Touristischen Urlaub gibt es überall. Das Besondere jedoch, das Exklusive und Individuelle, das entdeckt man am besten mit einem erfahrenen Insider an seiner Seite. TravelEssence ist spezialisiert auf Reisen nach Down Under. Der Australien-Experte plant und realisiert maßgeschneiderten Individual-Urlaub mit handverlesenen Unterkünften, besonderen Aktivitäten und Begegnungen mit Einheimischen. Auf diese Weise können die Gäste das andere Ende der Welt so authentisch wie möglich und abseits der ausgetretenen Pfade kennenlernen.

Ursprüngliche Landschaften, eine einzigartige Tierwelt und gemütliche Bed & Breakfasts oder stilvolle Lodges mitten in der Natur schaffen ein unvergleichliches Urlaubserlebnis. Die australische Gastfreundschaft und exklusive Insider-Tipps runden den Aufenthalt ab.

Einer dieser Geheimtipps ist *Kangaroos in the Top Paddock* – ein lauschiges Ferienhäuschen auf unberührtem Buschland. Von der Terrasse aus lassen sich friedlich grasende Kängurus beobachten. Der nahe gelegene Grampians National Park ist mit seinen schroffen Gebirgslandschaften und spektakulären Wasserfällen ein Paradies für Buschwanderer und um die heimische Tierwelt zu beobachten. Besucher des *Brambuk – The*

National Park & Cultural Centre in Halls Gap können spirituelle Orte der Ureinwohner Australiens erkunden und die Kultur der Aborigines besser kennenlernen.

Ein weiteres Highlight einer Reise durch Victoria – die Kulturmetropole Melbourne. Mit *Hidden Secret Tours* entdeckt man die Stadt in Begleitung eines Guides fernab vom Massentourismus. Je nach Interesse bieten die Erkundungsgänge verschiedene Schwerpunkte: Historie, Coffee-Culture (wirklich einzigartig in Melbourne!), kulinarische Highlights oder lokale Designer und Boutiquen in den berühmten Laneways.

Die Unterkünfte in Victoria sind genauso unverwechselbar wie die Landschaft in dem kleinen Bundesstaat. Mit einer Übernachtung im luxuriösen *Drift House* in Port Fairy bleiben keine Wünsche offen. Spannende Architektur, markantes Design, eine exklusive Inneneinrichtung und Gastgeber, die ihre Gäste bis ins kleinste Detail verwöhnen, sorgen hier für einen unvergesslichen Aufenthalt. Wer es rustikaler mag, aber dennoch nicht auf Luxus verzichten möchte, ist in den *Dulc Cabins* der Grampians genau richtig. Die Ferienhäuschen sind von grünem Buschland umgeben und bieten komfortable Unterkünfte für Selbstversorger. Ein perfekter Ort, um nachts den klaren Sternenhimmel oder ein Barbecue auf der Terrasse zu genießen.

In der *Great Ocean Ecolodge* kommen Urlauber in den Genuss australischer Gastfreundschaft und erleben einen echten Aussie-Klassiker: Am Tag der Ankunft gehört eine zweistündige, geführte Wanderung bei Sonnenuntergang zum Programm – perfekt, um die örtliche Tierwelt zu bestaunen. Eine Kajakfahrt zu den heimischen Seehunden und weitere Insider-Tipps von ihren Gastgebern machen den Aufenthalt hier zu einem echten Australien-Abenteuer.

Bei einem ausführlichen Termin besprechen die TravelEssence Berater gemeinsam mit dem Kunden dessen Wünsche: In einem der Reisebüros in München, Frankfurt, Düsseldorf, Hannover oder Hamburg, per Telefon oder auf Wunsch auch beim Kunden zu Hause.

Mehr Infos unter: ***www.travelessence.de***

Spektakuläre Ausblicke bietet die Great Ocean Road

49. Country Pubs: Kulinarischer und optischer Genuss in einem

Country Pubs – es gibt sie wie Sand am Meer und doch erzählt jeder von ihnen eine eigene Geschichte. Man findet sie wohl in allen ländlichen Regionen Australiens. Doch gerade in Victoria schossen zu Zeiten des Goldrausches zahlreiche entzückende Pubs aus dem Boden, die heute noch ein Augenschmaus sind.

Botanical Hotel in St. Arnaud

In jeder noch so kleinen Stadt des Bundesstaates steht mindestens ein Country Pub. Allzu oft heißt er „Grand", „Royal" „Criterion" oder „Commercial Hotel". Was die Namensgebung betrifft, halten es die Aussies eben simpel. Und nichts verkörpert den einfachen, aber ehrlichen Lebensstil auf dem Land so deutlich wie der hauseigene Pub.

Sicherlich kommt es auch auf die inneren Werte an, aber das Bezauberndste an den Country Pubs Victorias ist tatsächlich ihr Äußeres. Viele von ihnen sind um die 100 Jahre alt, wenn nicht sogar älter, und entsprechen den architektonischen Gepflogenheiten von damals. Oft sind es die umzäunten Balkone bzw. Terrassen, die den Pub noch heute zum Blickfang der Stadt machen.

Hotel Victoria in Ouyen

In Regionen, in denen das nächste Kino oder feine Restaurant oft viele Kilometer entfernt sind, ist der Pub der Ort, an dem die Einwohner zusammenkommen, sich über die Ernteerfolge unterhalten, die neuesten Footy-Ergebnisse diskutieren, auf das nächste Pferderennen wetten oder einfach nur zusammen beim Billard den Feierabend genießen. Und das möglichst bei einem kühlen Bier und einer deftigen Mahlzeit. Country Pubs sind keine kulinarischen Hochburgen. Hier gibt es gute australische Hausmannskost – in der Regel verschiedene Arten von Steak, Fish & Chips und das legendäre Chicken Parmigiana. Bestellt und gezahlt wird am Tresen; um Trinkgeld braucht man sich nicht zu scheren, ebenso wenig um äußerliche Etikette. Das Leben auf dem Land ist unkompliziert!

Birchip Hotel

Ebenso herzlich ist die Atmosphäre, auch gegenüber „Fremden". Unter sich bleibt der Gast in einem Country Pub eigentlich nie. Vielmehr wird er neugierig nach seiner Reiseroute ausgefragt und erhält Insidertipps für den kommenden Tag. Spendiert er dann noch eine Runde aus dem Zapfhahn, hat er ganz sicher bei den Locals einen Stein im Brett.

Typischer Country Pub: gemütlich und ein wenig „heruntergekommen".

Unter den zahlreichen Country Pubs einen herauszuheben, erscheint unmöglich. Dafür hat jeder seinen ganz eigenen Charme – sei es das noble Shamrock Hotel in Bendigo, das rustikale Barney's in den Grampians (siehe Tipp 19) oder der kleine Pub in Berriwillock, in dem die Tresenmappen nur so vor Bier triefen. Und es ist ja gerade das Spannende, hineinzugehen und sich von dem Ambiente überwältigen zu lassen – oder aber auch enttäuscht zu sein, weil der Pub von außen mehr verspricht, als er innen hält. Gemein ist den Country Pubs jedenfalls, dass ihre Wände, wenn sie denn sprechen könnten, allesamt packende Geschichten aus längst vergangenen Zeiten erzählen würden.

The Creekside Hotel in Warracknabeal

50. Aussie Rules Football: Victorias packende Sportkreation

Wer während der australischen Wintermonate in Victoria unterwegs ist, sollte sich unbedingt ein Aussie Rules Football-Spiel anschauen – und das nicht etwa vor dem Fernseher, sondern im Stadion. Denn die Wurzeln des beliebtesten Zuschauersports Australiens liegen in Melbourne. Nirgendwo sonst wird so lautstark mitgefiebert wie hier!

Australian Football, kurz einfach nur Footy genannt, ist durch und durch australisch. Nicht nur, weil diese Sportart hier kreiert wurde, sondern auch, weil das Spiel wie kein anderes den zugleich draufgängerischen und einsteckenden Charakter der Australier widerspiegelt. Dabei war er zunächst nur Mittel zum Zweck: Mitte des 19. Jahrhunderts suchte der in Melbourne lebende Thomas Wills nach einer Sportidee, um Cricketspieler während der Winterpause fit zu halten. Er ließ sich inspirieren

Etihad Stadium in den Melbourne Docklands

St. Kilda vs. Geelong

von Rugby, Gälischem Fußball und einem Ballsport der Eingeborenen. Heraus kam ein schnelllebiger, fast rüpelhafter Sport, der großen Zuspruch bei Spielern und Zuschauern fand. 1858 war der Melbourne Football Club geboren, aus dem die Victorian Football League hervorging. Bis 1987 spielten darin ausschließlich Teams aus Victoria. Erst mit der Gründung der Australian Football League (AFL) einige Jahre später fand der Sport landesweit Verbreitung.

Doch Aussie Rules Football ist und bleibt ein Sport aus und für Victoria. Von derzeit 18 AFL-Teams sind zehn in Melbourne und Umgebung ansässig. Wo sonst ließe sich also ein Footy-Spiel mitreißender und authentischer anschauen als z. B. im MCG in Melbourne (siehe Tipp 1)? Ein uraustralischer Sport in der Sporthauptstadt Australiens – besser geht's nicht.

Zum Regelwerk nur so viel: Der Ball ist weder rund noch muss er in das Eckige. Vielmehr wird der ovale Football in drei mögliche Tore, bestehend aus vier nebeneinander stehenden großen Pfosten, geschossen. Bei einem Schuss durch die Mitte gibt es sechs Punkte, für die beiden äußeren Tore jeweils einen Punkt. Während der vier „Quarter" à 20 Minuten darf der Ball geschossen, gefangen und getragen, aber nicht geworfen werden. Dafür ist es erlaubt, den gegnerischen Spieler festzuhalten oder umzuwerfen.

Australian Football ist ein unglaublich intensives Spiel. Ein langatmiges 0:0 nach 90 Minuten gibt es bei dieser Sportart nicht. Stattdessen bekommt der Zuschauer unzählige Tore, wüste Körperangriffe und feier-

Der Punktestand fällt auf jeden Fall höher aus als beim Fußball.

wütige Fans geboten. Zum Saisonfinale der AFL, dem Grand Final Ende September, strömen alljährlich mehr als 90.000 Menschen in das MCG. Sie sorgen nicht nur für eine einzigartige Stimmung, sondern auch dafür, dass das Footy-Finale zu den weltweit bestbesuchten Vereinsmeisterschaften zählt! Kein Wunder, dass der Freitag vor dem Grand Final seit 2015 ein offizieller Feiertag ist – natürlich nur in Victoria!

Info

Es gibt mehrere Footy-Wettbewerbe wie den NAB Cup und kleinere, regionale Ligen. Die größte und prestigeträchtigste Liga ist jedoch die AFL.

Saison: März bis September.

Spielorte der AFL in Victoria: Melbourne Cricket Ground & Etihad Stadium (Melbourne), Simonds Stadium (Geelong).

Tickets: Ab 20 AUD.

Website: www.afl.com.au

Bildnachweis:
Alle Fotos stammen von Stefanie Stadon außer: Robert Graham/Sea Lake, Victoria S. 136/137, 151, 152/153 | Museums Victoria / CC BY: https://collections.museumvictoria.com.au/articles/10647 S. 24, https://collections.museumvictoria.com.au/articles/10649 S. 25, https://collections.museumvictoria.com.au/articles/10648 S. 26/27 | Visit Victoria S. 35, 41, 53, 59, 62, 63, 67, 69, 104, 105, 106/107, 120, 124/125, 125 o, 126 o, 126 u, 127, 171 | Visit Victoria/Peter Tarasiuk S. 36/37, 42 | Maps4News S. 8, 9, 12, 38, 58, 78, 96, 114, 138, 158, 180, 200 | Visit Victoria/Bollard Artist: Jan Mitchell S. 60 | Visit Victoria/Roberto Seba S. 121, 122, 123.